ANKE LAGONI-HANSEN · DER WASCHBÄR

ANKE LAGONI-HANSEN

Der Waschbär

Lebensweise und Ausbreitung

Verlag Dieter Hoffmann, Mainz

ISBN 3-87341-037-0
Gesamtherstellung:
Druckwerkstätten Dieter Hoffmann GmbH, 6500 Mainz 41
Umschlaggestaltung und Zeichnung: Berthold Faust, Kriftel/Ts.
Fotos:
Hans Reinhard, Heiligkreuzsteinach (10), Hansgeorg Arndt, Lübeck (3)

INHALT

VORWORT

Dies ist ein Buch über den Waschbären. Seit ich vor zehn Jahren in meiner ostholsteinischen Heimat zum ersten Mal von dem Vordringen dieses Tieres in unser nördlichstes Bundesland hörte, haben mich seine Lebensweise und der Prozeß seiner Ausbreitung in Deutschland besonders interessiert. Während eines einjährigen Aufenthalts in den Vereinigten Staaten 1976/77 konnte ich den Waschbären dann auch in seinem Ursprungsgebiet beobachten. Dort fand ich in den Bibliotheken der Columbia University und des Museum of Natural History in New York die reichhaltige Literatur, welche fortan den Grundstock für meine weitere Arbeit und schließlich für dieses Buch bilden sollte.

Dies ist aber auch ein Buch über die Menschen, welche sich als Biologen oder Jäger mit dem Waschbären beschäftigen. Viel von ihrem Forschergeist, ihrer Objektivität und ihrer Naturliebe ist durch ihre Veröffentlichungen in dieses Buch eingegangen. Wenn ich mir etwas von diesem Buch wünsche, so ist dies vor allem, daß es zur Verbreitung dieser Haltung beitragen möge.

Dank schulde ich Herrn Professor Dr. Herwart Bohlken vom Institut für Haustierkunde der Universität Kiel, der die diesem Buch zugrundeliegende Examensarbeit betreut hat. Herr Professor em. Dr. Wolf Herre und Herr Dr. Günter Heidemann von der hiesigen Universität haben freundlicherweise das Manuskript gelesen und mit hilfreichen Hinweisen versehen. Mein Dank gilt auch denjenigen, die mir ihre Bilder zur Veröffentlichung überlassen haben, sowie Herrn Dieter Hoffmann für die Aufnahme dieses Buches in sein Verlagsprogramm. Schließlich danke ich auch meinem Mann für seine Geduld und Rücksichtnahme während der Entstehung dieses Buches.

Kiel, Weihnachten 1980 — Anke Lagoni-Hansen

EINLEITUNG

Der Waschbär ist in seinem nordamerikanischen Ursprungsgebiet sehr weit verbreitet. Er ist ein für diesen Sub-Kontinent so typisches Tier, daß er in viele Sagen und Mythen der indianischen Ureinwohner und ebenso in die Folklore der weißen Siedler Nordamerikas eingegangen ist. In den Vereinigten Staaten wird er in einigen Gegenden anstelle des vom Aussterben bedrohten Weißkopfseeadlers als das eigentliche Wappentier des Landes angesehen. Seit einiger Zeit tritt dieser neuweltliche Kleinbär nun auch in Europa und bestimmten asiatischen Gebieten der Sowjetunion auf. Hier bereitet er den Landwirten, Jägern und zuständigen Behörden einige Probleme. Augenzeugenberichte von Jägern und Bauern, Abschußbilanzen der Landesjagdverbände, eine umfangreiche aber nicht immer kenntnisreiche Diskussion in Jagdzeitschriften, Ausführungsverordnungen zu Landesjagdgesetzen und eine zunehmende Zahl jagdwissenschaftlicher Untersuchungen sind ein beredtes Zeugnis für seine Präsenz in Deutschland. Jägern und Biologen bietet diese Situation natürlich eine interessante Möglichkeit, die Ausbreitung einer fremden Tierart in Mitteleuropa zu beobachten und diesen Prozeß in seinen Auswirkungen auf unsere Umwelt zu analysieren. Nur am Rande sei darauf hingewiesen, daß eine Untersuchung des Waschbären in Europa eine gewisse beispielhafte Bedeutung für die Ausbreitung anderer „Neubürger" unserer Fauna haben kann, seien sie bei uns ausgesetzt worden, wie z. B. die Bisamratte, oder von selbst eingewandert, wie z. B. der Marderhund.

Die Umstände, unter denen der Waschbär in Europa in die Freiheit gelangt ist, sind heute eigentlich nur noch bemerkenswert als Beispiel für die Sorglosigkeit, mit welcher man vor nicht allzu langer Zeit fremde Tierarten aussetzte oder entlaufen ließ, ohne deren Lebensweise und Einfluß auf das vorhandene ökologische Gleichgewicht zu kennen. Die damit zusammenhängenden biologischen und ökologischen Fragen sind teilweise noch nicht oder jedenfalls nicht endgültig beantwortet: Mit welcher Geschwindigkeit findet die Ausbreitung in Europa statt? Wo findet sie ihre natürlichen oder vom Menschen gesetzten Grenzen? Wie wirkt sich das Auftreten des Waschbären auf die europäische Fauna aus?

Mit diesen Fragen sind Ablauf und Ziel der Untersuchung schon umrissen. Zuerst ist der Waschbär selbst vorzustellen (Abschnitt I). Ein längerer zweiter Abschnitt beschäftigt sich mit seiner Lebensweise, denn eine Beantwortung der erwähnten Fragen setzt natürlich eine genaue Kenntnis des Waschbären und seiner Lebensweise voraus. Die Populationsdynamik (Abschnitt III) handelt von den Bedingungen und Faktoren, die einer Ausbreitung des Waschbären zugrunde liegen. Im vierten Abschnitt schließlich sollen der gegenwärtige Stand seiner Ausbreitung in Europa, die Ausbreitungstendenzen und seine Auswirkungen auf die Umwelt dargestellt werden.

Selbstverständlich kann man sich bei einem Tier, das von einem anderen Kontinent stammt, in seinem neuen Verbreitungsgebiet nicht mit Ergebnissen begnügen, die in seinem fernen Ursprungsgebiet gesammelt worden sind. Langfristig müssen die Kenntnisse über den Waschbären in Europa mit Hilfe der Feldforschung überprüft und ergänzt werden. Dies ist bei dem nachtaktiven Tier allerdings nicht ganz einfach. Soll die Erforschung der Lebensweise und Ausbreitung des Waschbären in Europa zu neuen Erkenntnissen führen und nicht in einer Wiederholung im Ausland längst bekannter Tatsachen stecken bleiben, muß ihr ein ausführliches Studium vor allem der amerikanischen und kanadischen Veröffentlichungen über den Waschbären vorangehen.

Allerdings ist diese Literatur recht umfangreich und oftmals sehr speziell. Da sie in der Bundesrepublik teilweise gar nicht oder nur unter Schwierigkeiten zugänglich ist, will die hier vorgelegte kritische Aufarbeitung des vorhandenen Schrifttums in erster Linie eine bescheidene Dienerin zukünftiger Feldforschung über den „europäischen“ Waschbären sein und wird nur gelegentlich eigene Schlußfolgerungen wagen.

I. DER WASCHBÄR

1. Entdeckung und Namensgebung

Der erste Bericht über den Waschbären stammt von dem englischen Seefahrer und Entdecker Captain John SMITH aus dem Jahre 1612. In seiner Beschreibung der Tierwelt Virginias verwendet SMITH das aus der Sprache der Algonquin-Indianer stammende Wort „aroughcun" für dieses Tier, was in etwa heißt: „der mit den Händen kratzt". Von diesem indianischen Wort leitet sich der englische Name „raccoon" ab. In den nachfolgenden Jahrzehnten des 17. und frühen 18. Jahrhunderts erreichten nach GOLDMAN weitere Berichte von PURCHAS (1614), HERNANDEZ (1651), RAY (1693) und DAMPIER (1729) Europa und ergänzten die ersten biologischen Kenntnisse über den Waschbären. Eine vorläufige systematische Bezeichnung wurde schon im 17. Jahrhundert von RAY gegeben: *Vulpi affinis Americana.* LINNE übernahm die damit getroffene Zuordnung zu den „Wolfsähnlichen" allerdings nicht in seiner Systema naturae, sondern ordnete den Waschbären in die Gruppe der Bären ein, wobei er ihn 1740 zunächst als *Ursus cauda elongata* und später in der 10. Auflage von 1758 als *Ursus lotor* bezeichnete. Er ging bei der letzteren Bezeichnung offensichtlich von dem in alten Berichten weit verbreiteten und auch heute gelegentlich noch anzutreffenden Irrglauben aus, dieser Kleinbär wasche seine Nahrung vor dem Verzehr (s. S. 40). Die LINNEsche Bezeichnung gab dem Tier dann seinen deutschen Namen Waschbär, französisch *raton laveur* („kleine Waschratte"), spanisch *oso lavandero* und italienisch *procione.*

Die heute gebräuchliche wissenschaftliche Bezeichnung *Procyon lotor* wurde 1780 von STORR in seinem Prodomus methodi mammalium eingeführt. Dieser Forscher hat auch als erster den Waschbären als eine selbständige (eigene) Gattung erkannt. Mit der Bezeichnung *pro cyon,* die in deutscher Übersetzung „vor Hund" heißt und im Schrifttum gelegentlich als „Vorhund" oder „vor dem Hund" („before the dog") gedeutet wird, scheint STORR eine systematische Zuordnung zu den „Hundeartigen" beabsichtigt zu haben. Allerdings wurde 1909 von SETON darauf hingewiesen, daß Procyon ein Sternbild ist, welches am westlichen Nachthimmel vor dem sog. „Hundestern" Sirius aufgeht. Es ist nicht ganz von der Hand zu weisen, daß STORR als humanistisch gebildeter Naturforscher des späten 18. Jahrhunderts bei seiner Benennung des Waschbären auch an die nächtliche Lebensweise des Tieres und an das kleine Sternbild gedacht hat.

2. Beschreibung der Art

a) Äußere Erscheinung

Da der Waschbär mittlerweile im wissenschaftlichen Schrifttum häufig beschrieben worden ist — um nur einige Beschreibungen zu nennen, sei auf SETON, BREHM, GOLDMAN, LECHLEITER, HOFFMEISTER, POGLAYEN-NEUWALL, BURT und GROSSENHEIDER verwiesen —, und das Tier außerdem aus Zoologischen Gärten und Pelztierfarmen hinreichend bekannt ist, soll das äußere Erscheinungsbild hier nur kurz beschrieben werden. Der Waschbär hat auf einem gedrungenen Körper einen breiten Kopf mit einer kurzen Schnauze und aufrechtstehenden, mittelgroßen, abgerundeten Ohren. Als ein typisches Merkmal verläuft eine breite dunkle Querbinde in Höhe der Augen über das Gesicht. Diese sog. Maske wird von der Stirn und zur Nasenspitze hin durch gelblich weiße Streifen deutlich abgesetzt und durch einen dunklen Streifen unterbrochen, der von der Stirn über den Nasenrücken zur Nasenspitze verläuft. Die Nase ist schwarz.

Ein weiteres typisches Erkennungsmerkmal des Waschbären ist sein dicker buschiger Schwanz, der kürzer ist als der Körper und 5 bis 10 schwarze Ringe sowie eine schwarze Spitze hat.

b) Fell

Die Farbe des Waschbären ist außerordentlich variabel. Es treten viele Farbvarianten und Schattierungen von hellgrau mit rostbraun über mittelgrau bis zu schwarz auf. Am weitesten verbreitet sind braungraue Tiere; die Rückenfärbung ist gewöhnlich dunkler als die des übrigen Felles. Schwarze Waschbären sind nicht einheitlich schwarz, sondern zeigen graue Bereiche an Kopf und Bauch. Bei einigen schwarzen Tieren sind die dunklen Ringe des Schwanzes und die Maske noch zu erkennen, während sie bei anderen mit der Farbe des übrigen Felles verschmelzen. Gelegentlich tritt Erythrismus auf. Diese Tiere haben eine gelbliche Fellfarbe, Gesichtsmaske und Schwanzringe sowie andere normalerweise schwarze Bereiche des Felles sind rostfarben. Albinismus ist auch beobachtet worden (STUEWER 1943 a; GOLDMAN 1950; WHITNEY und UNDERWOOD 1952 a; ALLEN und NEILL 1956; FUNDERBURG 1961; JOHNSON 1970).

Im Winterfell des Waschbären bedeckt das steife und robuste Grannenhaar die darunterliegende weiche und nur halb so lange Unterwolle. Das Grannenhaar ist bei den verschiedenen Waschbärrassen unterschiedlich lang. Die Unterwolle schützt den Waschbären vor den oftmals sehr niedrigen Wintertemperaturen seiner Heimat. Der jährliche Haarwechsel, also Ausfall und Neubildung der Haare, findet in Michigan etwa Mitte April bis Ende Juni statt. Im Sommer ist das Fell des Waschbären nahezu ohne Grannenhaar, und auch die Unterwolle ist nur spärlich entwickelt. Das Haar wächst den ganzen Sommer hindurch allmählich nach, so daß das neue Fell bei ausgewachsenen Tieren gewöhnlich Mitte November und bei jungen im Dezember vollständig ausgebildet ist.

Da der Waschbär in seinem ursprünglichen Verbreitungsgebiet in mehreren Klimazonen anzutreffen ist, variieren Haarlänge und Dichte des Felles ganz erheblich. Tiere im südlichen Kanada und in den nördlichen Staaten der USA haben ein dichteres und weicheres Fell als solche aus Florida, Louisiana oder Texas, wo ein subtropisches Klima vorherrscht.

c) Sinnesorgane und „Intelligenz“

Seh-, Gehör- und Geruchssinn des Waschbären sind gut ausgebildet. Der Waschbär ist — wie Hund und Katze — farbenblind. Außerordentlich hoch entwickelt ist sein Tastsinn in den Vorderpfoten. LÖHMER (1973) kam zu dem Ergebnis, daß der Tastsinn des Waschbären eine durchaus vergleichbare Höhe zu dem der niederen Primaten erreicht. Neurologische Untersuchungen von WELKER und SEIDENSTEIN erklären dieses Phänomen: Da die Projektionsfelder der Tastsinnesorgane in der Großhirnrinde des Waschbären auffällig weit ausgedehnt sind und sich die Areale in den Fingern nicht überlappen, ist die zentralnervöse Voraussetzung für ein ausgeprägtes haptisches Unterscheidungsvermögen gegeben.

Das Verhalten des Waschbären ist durch ein hohes Maß an „Cleverness" und allgemeiner Intelligenz gekennzeichnet. Wie durch Experimente zum Manipulier- und Lernverhalten dokumentiert werden konnte, sind Waschbären fähig, die dabei gestellten Aufgaben sehr schnell zu erlernen und diese auch noch nach einer längeren Pause erfolgreich zu bewältigen. Beachtliche Gedächtnisleistungen zeigten Versuchstiere, die nach einer versuchsfreien Zeit von einem Jahr bzw. 490 Tagen immer noch das erlernte Verhalten zeigten, Verschlüsse und Hindernisse zu beseitigen, um sich aus einer Kiste zu befreien.

Eine hervorstechende Eigenschaft des Waschbären ist seine Neugierde, die ihm bei der Jagd und beim Fallenstellen oft zum Verhängnis wird. In die Enge getrieben entwickeln Waschbären eine große Ausdauer und Widerstandskraft. Sie verteidigen sich heftig und sind mutige Kämpfer.

d) Spuren und Lautäußerungen

Waschbären sind Sohlengänger. Ihre Sohlen sind unbehaart und werden beim Gehen der Länge nach aufgesetzt. Ihre Vorder- und Hinterextremitäten haben je 5 Zehen, die weit gespreizt werden können. Die schlanken, ziemlich spitzen Krallen sind nicht rückziehbar.

Ein gutes Erkennungsmerkmal für das Vorhandensein von Waschbären in einem Gebiet ist der Abdruck ihrer Vorder- und Hinterextremitäten, der z. B. in feuchten Böden demjenigen von Babyhänden bzw. -füßen ähnelt. Dabei ist der Abdruck des Hinterfußes etwa doppelt so lang wie der des Vorderfußes. Die Abdrücke sind beim Gehen (Paßgang) gewöhnlich paarig, der linke Hinterfuß liegt neben dem rechten

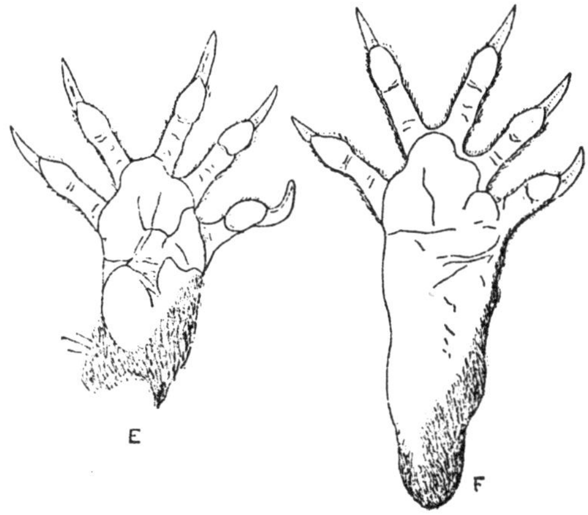

Abb. 1 Rechter Vorder- und Hinterfuß des Waschbären (aus POCOCK, Text-figure 4)

Vorderfuß (s. Abb. 2). Beim Laufen liegen die Abdrücke von Vorder- und Hinterfüßen paarweise nebeneinander. Als weitere Fluchtfährte wird der Dreisprung beobachtet.

Die Lautäußerungen des Waschbären sind sehr variabel und werden sehr vielfältig verwendet, so daß sie nicht annähernd genau beschrieben werden können. Zufriedene Waschbären schnurren ähnlich wie Katzen. Weibliche Tiere lassen dieses Schnurren auch bei ihren Jungen hören. Sehr junge Waschbären in ihrem Versteck geben ein fiependes Geräusch von sich, ähnlich demjenigen junger Vögel in ihrem Nest. Der Schrei eines verlassenen Jungtieres erinnert an das Schreien von Babies. In Gefahr quieken junge Waschbären wie Ferkel und rufen damit die Mutter heran, welche sich auch sofort nähert und ihre Jungen sehr mutig verteidigt. Die Mutter warnt ihre Jungen durch mehrere kurze Grunzlaute. Kämpfende Waschbären geben ein Stakkato von harten, schrillen, schnarrenden Lauten von sich, von Hunden oder anderen großen Raubtieren gegriffene Tiere schreien schrill.

e) Körpermaße und Gewichte

Die Körpermaße ausgewachsener amerikanischer Waschbären liegen zwischen 41 bis 71 cm (Kopf-Körperlänge) sowie 20 bis 40,5 cm

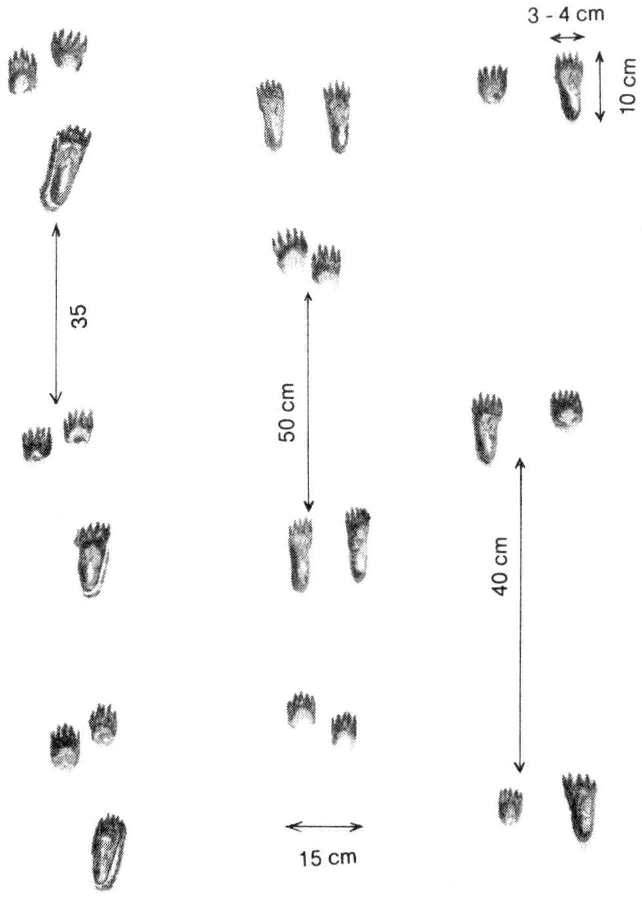

Abb. 2 Spurenbild des Waschbären (aus DJV-Merkblatt „Der Waschbär").

(Schwanzlänge). Die Schulterhöhe beträgt 22,8 bis 30,4 cm. Die Differenzen ergeben sich aus rassen- und geschlechtsspezifischen Unterschieden, auf die im folgenden bei den Körpergewichten noch einzugehen ist.

Die Gewichte der Waschbären unterliegen insbesondere in den nördlichen Staaten der USA und im Süden von Kanada j a h r e s z e i t l i c h e n   S c h w a n k u n g e n. Am Ende des Winters erreichen die

Tiere in der Mehrzahl ihr Minimalgewicht, das in Michigan und Minnesota 50 % des Gewichtes betragen kann, welches die Tiere vor der Winterruhe aufweisen. SCHNEIDER, MECH und TESTER (1971) berichten von weiblichen Tieren, die nach der Winterruhe weniger als die Hälfte ihres Maximalgewichtes aufwiesen und bereits trächtig waren. Im südlichen Alabama lagen die Gewichtsverluste nur bei höchstens 32 % und durchschnittlich bei etwa 20 %. Nach der Winterruhe beginnt ein langsamer und stetiger Anstieg des Körpergewichtes mit dem Maximum im Herbst und frühen Winter. Zu diesem Zeitpunkt haben die Tiere große Fettreserven angelegt, von denen sie während der kalten und schneereichen Jahreszeit leben.

Es sind auch geschlechts- und altersbedingte Gewichtsunterschiede festzustellen. Männliche Tiere sind gewöhnlich schwerer und größer als weibliche.

Außerdem treten zwischen den verschiedenen Unterarten von *Procyon lotor* beachtliche Gewichtsunterschiede auf. Die größten Waschbären leben in den nördlichen kalten Gebieten, die kleinsten im Süden, insbesondere östlich des Mississippi-Flusses. Eine besonders große Unterart *(P. l. excelsus)* lebt im Nordwesten der USA in den Staaten Washington, Oregon und Idaho, eine sehr kleine Unterart auf den ‚Florida Keys'. WHITNEY und UNDERWOOD (1952 a) weisen allerdings darauf hin, daß Waschbären in Texas durchaus zu den stärksten Tieren gehören und mit den Gewichten der Tiere in Maine und Minnesota konkurrieren können. In einigen nordamerikanischen Staaten sind Gewichtsuntersuchungen durchgeführt worden. Die Ergebnisse dieser Untersuchungen sind in Tabelle 1 zusammengefaßt worden.

Nach JOHNSON sind junge Tiere mit etwa 15 Monaten, nach STUEWER (1943 a) und CAHALANE allerdings nicht vor dem zweiten Lebensjahr voll ausgewachsen.

Waschbären mit einem Gewicht von 10 bis 11 kg sind als stark anzusehen. Nur selten gibt es Tiere, die mehr als 13,6 kg wiegen. Sehr schwere in der amerikanischen Literatur erwähnte Waschbären hatten ein Gewicht von 25,4 kg und 28,3 kg.

Tabelle 1: **Körpergewicht des Waschbären in den Vereinigten Staaten von Amerika**

Staat	Art bzw. Unterart	Durchschnittliches Gewicht in kg männlich (Anzahl)	Durchschnittliches Gewicht in kg weiblich (Anzahl)	Quelle
Minnesota	P. l. hirtus	7,9 (27)	6,9 (32)	MARSHALL
		(Sommergewicht)		
Iowa	P. l. hirtus[3])	7,8 (adult)	6,2 (adult)	SANDERSON 1952
Michigan	P. l. lotor[1])	5,9 (47, adult)	5 (40, adult)	STUEWER 1943 a
Washington	P. l. psora	5,2 (30)[2])	4,5 (30)[2])	SCHEFFER 1950
Missouri	P. l. hirtus[3])	6,7 (172)	5,4 (112)	SANDERSON 1951 a
		(1. Dezember – 15. Januar)		
Missouri	P. l. hirtus[3])	5,9 (40)	5,03 (60)	TWICHELL und DILL
Maryland	P. l. maritimus	4,3 (7, adult)	4,3 (8, adult)	DOZIER
Virginia (bei Richmond)	P. lotor	4,1 (35, adult)	3,1 (16, adult)	SONENSHINE und WINSLOW
		(Januar – Juni)		
	P. lotor	3,8 (15, adult)	3,4 (16, adult)	SONENSHINE und WINSLOW
		(Juli – Dezember)		
Virginia (bei Newport News)	P. lotor	3,7 (4, adult)	4,6 (1, adult)	SONENSHINE und WINSLOW
		(Januar – Juni)		
	P. lotor	3,8 (12, adult)	3,3 (14, adult)	SONENSHINE und WINSLOW
		(Juli – Dezember)		
Florida (nördl. Zentral-)	P. l. elucus	5,6 (23, adult, Wintergewicht)	–	CALDWELL 1963, zit. nach JOHNSON 1970
Florida (Saw Grass Island)	P. l. elucus	5 (5, adult)	4,1 (3, adult)	GOLDMAN
Florida (Key Vaca)	P. l. auspicatus	2,4 (5, adult)	2 (2, adult)	GOLDMAN
Alabama	P. l. varius	4,3 (277, adult)	3,7 (174, adult)	JOHNSON
Louisiana	P. l. megalodous	3,8 bis 5,6 (11)	2,5 bis 5,2 (18)	CAGLE
		(Maigewicht)		

[1]) Die Unterart wurde von STUEWER (1943 b) für dieses Gebiet bestimmt und dort entnommen.
[2]) Dieses sind die Gewichte der schwersten 30 männlichen und 30 weiblichen Tiere von insgesamt 123 Waschbären.
[3]) Diese Unterart wurde der Karte für die Verbreitung der Unterarten in Nordamerika (map 456) von HALL und KELSON entnommen.

In Deutschland liegen die Gewichte ausgewachsener Waschbären nach RIECK zwischen 5,5 und 6,5 kg und nach HEIMBACH für männliche Tiere bei 7,6 kg und für weibliche Tiere bei 5,9 kg. Besonders starke Waschbären wogen 9,3 bis 12,5 kg.

f) Einige morphologische und histologische Merkmale

G e b i ß : Die Gattung Procyon hat 40 Zähne, die nach der Zahnformel

$$\frac{3 \quad 1 \quad 4 \quad 2}{3 \quad 1 \quad 4 \quad 2}$$

angeordnet sind.

Die folgende Beschreibung der Zähne entspricht den Angaben von GOLDMAN. Die kräftigen Schneidezähne tragen mehr oder weniger deutlich gefurchte Kronen, sofern diese aufgrund des Alters nicht schon abgenutzt sind. Bei den Zähnen des Oberkiefers hat der Prämolar P1 eine Wurzel, P2 und P3 zwei Wurzeln und P4 drei Wurzeln. Diese Prämolaren haben unterschiedlich ausgebildete Spitzen. Bei den Molaren im Oberkiefer ist der M1 geringfügig breiter als lang und hat 4 Hauptspitzen, während der M2 dreieckig ist und nur 3 Hauptspitzen hat. Der M1 im Unterkiefer ist langgestreckt, rechteckig und hat 5 isolierte Spitzen.

K n o c h e n : Das Schlüsselbein der Waschbären ist reduziert oder fehlt völlig. Waschbären haben 14 Rippenpaare, von denen die ersten 10 das Brustbein erreichen. Männliche Tiere haben einen verhältnismäßig langen dünnen, gut entwickelten Penisknochen (os baculum), der gebogen und an der Spitze zweilappig ist. Gelegentlich findet man bei weiblichen Tieren einen Klitorisknochen (os clitoridis), der gewöhnlich klein ist.

M a g e n : Waschbären haben einen einfachen Magen. Ihnen fehlt ein Blinddarm. Der Magen hat einen großen Fundusbereich und nur kleine Bereiche von Cardia- und Pylorusdrüsenschleimhaut. Ein Teil des Mageninhaltes verläßt den Magen eine Stunde nach der Nahrungsaufnahme. 5 bis 6 Stunden später ist der Magen dann vollständig leer. Die

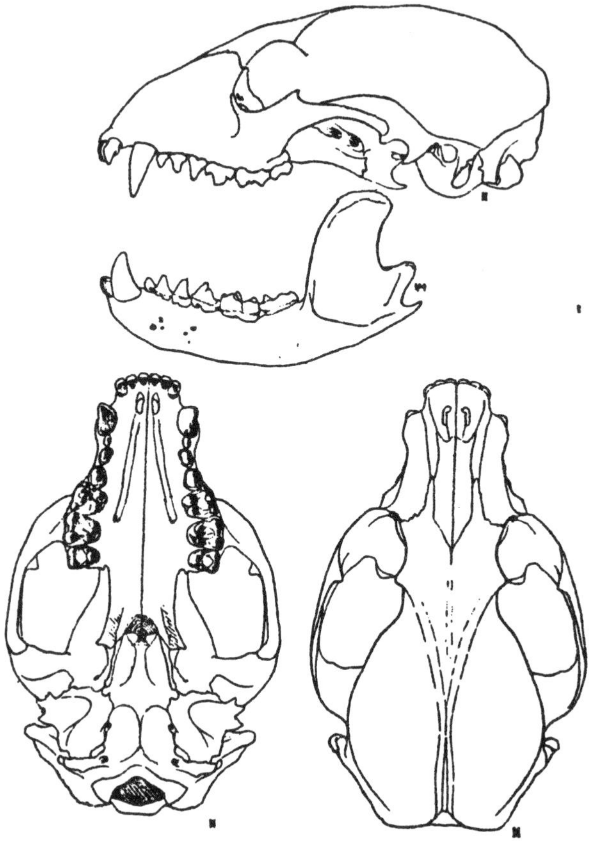

Abb. 3 Schädel von *Procyon lotor psora* (aus HALL und KELSON, Fig. 479)

gesamte Durchlaufzeit der Nahrung durch den Magen-Darmtrakt beträgt 9 bis 14 Stunden. Die Exkremente des Waschbären ähneln denen des Fuchses.

Chromosomen: Die Anzahl der Chromosomen von *Procyon lotor* beträgt nach amerikanischen Untersuchungen 2n = 38. Dieses Ergebnis wurde von einigen Autoren an insgesamt acht Waschbären festgestellt. Eine polnische Untersuchung kam erstaunlicherweise zu dem abweichenden Ergebnis von 2n = 42 (WALKNOWSKA).

g) Exkurs: Altersbestimmung

In seinem ursprünglichen Verbreitungsgebiet ist es im allgemeinen recht schwierig festzustellen, wie alt Waschbären in freier Wildbahn werden können, da sie in den Vereinigten Staaten z. T. stark bejagt werden. So betrug das durchschnittliche Alter der freilebenden Tiere in Missouri nur 1,8 Jahre und in Alabama 3,1 Jahre. Waschbären können in freier Wildbahn 10 bis 12 Jahre alt werden. JOHNSON schätzte das Alter einiger Tiere in freier Wildbahn anhand der Jahresringe in der Zementschicht der Zähne auf 13, 14, 15 und 16 Jahre. Einige Gattertiere wurden bis zu 14 Jahre alt. Die zwei ältesten im Schrifttum erwähnten Waschbären wurden in Gefangenschaft 17 Jahre (GARRETT und GOERTZ) und 22 Jahre alt (POGLAYEN-NEUWALL).

Eine exakte Altersbestimmung von Waschbären aller Altersklassen ist sehr schwierig und bislang nicht gelungen. Man hat mehrere Methoden zur Altersbestimmung entwickelt, wobei sich eine Altersbestimmung anhand des Gebisses der Tiere und des Linsengewichtes der Augen am zuverlässigsten erwiesen hat. Meist werden zugleich mehrere Methoden zu einer Altersbestimmung herangezogen.

SANDERSON (1961 b) nahm anhand des Trockengewichtes der Augenlinsen eine Klassifizierung in zwei Altersgruppen vor: junge (juvenile) Tiere (bis zu 1 Jahr) und ausgewachsene (adulte) Tiere (älter als 1 Jahr). JOHNSON führte eine weitere Altersklasse ein. Er verwendet unter Zugrundelegung verschiedener Methoden drei Altersgruppen: junge Tiere bis zu 1 Jahr, Tiere im Alter von 1 bis 2 Jahren und ausgewachsene Tiere, d. h. Tiere im Alter von 2 und mehr Jahren. Andere Autoren (GRAU, SANDERSON und ROGERS) haben unter Verwendung dreier Methoden 8 Altersklassen aufgestellt (junge Tiere unter 1 Jahr, 1, 2, 3, 4, 5, 6 bis 7, > 7 Jahre). Dabei diente die Methode der Bestimmung der Ringe in der Zementschicht der Schneidezähne (Incisivi) zur Altersbestimmung bis zu 4 Jahren. Die Zahnabnutzung sowie die zeitliche Folge beim Schließen der 5 Schädelnähte werden für eine Altersbestimmung insbesondere der männlichen Tiere über 4 Jahre herangezogen.

Für eine Altersbestimmung nach dem Gebiß können mehrere Kriterien benutzt werden:

aa) Helle und dunkle Bereiche in der Zementschicht der Waschbärzähne bilden ringförmige Lagen, die nach JOHNSON am deutlichsten durch einen Längsschnitt zwischen den Wurzeln des 4. Prämolaren sowie des 1. Molaren hervortreten. GRAU, SANDERSON und ROGERS legen ihre histologischen Längsschnitte durch die Schneidezähne. Die Anzahl der Ringe gibt das Alter in Jahren wieder, wobei JOHNSON allerdings ein Jahr hinzurechnet, weil er bei keinem der untersuchten Tiere im ersten Winter einen Ring im Zahnzement entdeckte. Dies ergänzt die Beobachtung von GRAU, SANDERSON und ROGERS, daß im Februar jeden Jahres die Bildung einer neuen dunklen Schicht beginnt. Dieselben Autoren machten auch deutlich, daß diese Methode sich nur für Tiere bis zu 4 Jahren als zuverlässig erwies, während sie für ältere Tiere ungenau war.

bb) Die Zahnabnutzung kann vor allem an lebenden Waschbären einen Anhalt für das Alter der Tiere geben. Ein- und zweijährige Waschbären zeichnen sich durch spitze Eckzähne (Canini) sowie geringe Spuren einer Abnutzung der Molaren aus. Drei- und vierjährige Tiere haben ebenfalls noch spitze Canini, zeigen jedoch schon gewisse Abnutzungserscheinungen der Molaren, wenngleich die sog. Kunden (spitze Erhebungen auf der Kaufläche) stets vorhanden sind. Bei älteren Tieren verschwinden diese gewöhnlich. STUEWER (1943 a) kam zu dem Ergebnis, daß bei jungen Tieren bis zu einem Jahr die oberen Eckzähne unter 10 mm lang und nicht abgenutzt waren, während bei dreijährigen und älteren Tieren eine Zahnabnutzung zu beobachten war.

GRAU, SANDERSON und ROGERS nehmen nach dem unterschiedlichen Grad der Zahnabnutzung eine Einteilung in 5 Altersklassen vor. Diese Methode kann allerdings nicht allgemein angewendet werden, da individuell und bei jeder Population Unterschiede der Zahnabnutzung gleichaltriger vergleichbarer Tiere zu erwarten sind.

cc) Auch der Durchbruch der Zähne kann zur Altersbestimmung benutzt werden. Die Zahnentwicklung beginnt im Alter von einem Monat mit dem Durchbruch der Schneidezähne des Milchgebisses und wird beendet mit dem Durchbruch der Eckzähne des Dauergebisses im Alter von 3 1/2 Monaten.

dd) Die Größe der Pulpahöhle, der Höhle im Zahninneren, kann weiterhin für eine Altersbestimmung in bestimmten Altersklassen verwendet werden. Waschbären im Alter bis zu einem Jahr haben eine große Zahnpulpahöhle. Im zweiten Lebensjahr schließt sich diese Höhle teilweise und bei dreijährigen und älteren Tieren fast vollständig.

Die Altersbestimmung anhand der Augenlinsen kann bei toten Waschbären angewendet werden. Da das Trockengewicht der Waschbärlinsen bis zu einem Alter von 12 Monaten kontinuierlich ansteigt und wenig variiert, ist auf diese Weise eine nahezu exakte Altersbestimmung bei Tieren bis zu einem Jahr möglich. Die Behandlung der Linsen sowie das Wiegen wird im einzelnen bei BERRY und TRUSLOVE und JOHNSON beschrieben. Nach einem Jahr wachsen die Linsen sehr viel langsamer und zeigen in ihrem Wachstum z. T. größere Schwankungen, so daß auch nach dieser Methode eine Altersbestimmung älterer Tiere nicht möglich ist. Mit Hilfe des Trockengewichtes von Linsen ist es sogar möglich, den Monat der Geburt eines Tieres festzustellen (SANDERSON 1961 a, 1961 b).

Ähnliche Ergebnisse zeigen Untersuchungen über den Zuwachs des Stickstoffgehaltes der Augenlinsen von Tieren bis zu 12 Monaten (GRAU, SANDERSON und ROGERS). Auch hier steigt der Anteil des Stickstoffes rasch während der ersten 12 Monate und langsam in den darauffolgenden Jahren.

Das Körpergewicht der Waschbären wird für eine Einteilung in junge und ausgewachsene Tiere herangezogen. Der Grenzwert für diese Klassifizierung wird recht unterschiedlich festgelegt. Für Waschbären in Alabama liegt er bei 2,7 kg und in Missouri für männliche Tiere bei 6,8 und für weibliche bei 5,2 kg. Gewichtsbestimmungen von

JOHNSON und STUEWER (1943 a) machen deutlich, daß die großen Gewichtsunterschiede der Waschbären im Winter eine Unterscheidung der Altersgruppen erschweren.

SANDERSON (1961 a) bestimmt das Alter junger Tiere in Illinois bis zu einem Gewicht von 3,2 kg in Monaten. Er verwendet dabei eine Alterskurve, die Gewicht und Alter der Tiere in Beziehung zueinander setzt. Zur Altersbestimmung werden nur Werte verwendet, die vor dem 1. November gewonnen wurden. Abschließend läßt sich feststellen, daß allein durch das Gewicht des Waschbären keine genaue Altersbestimmung möglich ist.

PETRIDES und SANDERSON (1961 a) untersuchten Endstücke und Schaft (Epi- und Diaphyse) von Elle (Ulna) und Speiche (Radius) bei Waschbären in Illinois und Ohio. Nach PETRIDES ist die Epiphyse vom zweiten Winter an mit der Diaphyse verbunden. Nach SANDERSON sind die Epiphysenfugen bei Waschbären bis zu 15 Monaten gewöhnlich breit und verknöchern im allgemeinen im Alter von 16 bis 30 Monaten. Allerdings variiert dieses insbesondere bei weiblichen Tieren z. T. beachtlich. Mit dieser Methode ist eine Einteilung der Tiere in 2 Altersklassen möglich: alle Tiere mit breiten Epiphysenfugen sind juvenile, alle übrigen adulte Tiere.

Schließlich können auch geschlechtliche Kriterien einen Anhalt für die Altersbestimmung geben. Weibliche Tiere unterscheiden sich nach der Größe ihrer Zitzen in junge und ausgewachsene Tiere. Tiere mit kurzen Zitzen (ca. 1 mm) sind entweder juvenile Tiere oder Tiere im zweiten Lebensjahr, die noch keine Jungen geworfen haben. Die Zitzen der Tiere, die bereits Junge aufgezogen haben, sind länger und meist dunkel pigmentiert. Während der Zeit des Säugens sind sie ca. 10 bis 15 mm lang, danach verkleinern sie sich auf ca. 5 mm. Beobachtungen an scheinträchtigen Tieren haben ergeben, daß sich die Zitzen nicht von denjenigen Tieren unterscheiden, die bereits Junge gehabt haben. Zur Unterscheidung dieser beiden Gruppen können Uterusuntersuchungen Klarheit verschaffen. Nur weibliche Tiere, die bereits trächtig waren, haben in der Gebärmutter Narben, einjährige und scheinträchtige Tiere dagegen nicht.

Bei männlichen Tieren kann Gewicht, Länge, Form und Grad der Verknöcherung von Penisknochen zur Altersbestimmung beitragen. Untersuchungen in Alabama haben ergeben, daß die Penisknochen etwa bis zum dritten Lebensjahr an Gewicht zunehmen und bereits im Herbst des zweiten Lebensjahres vollständig verknöchern. Bei männlichen Tieren unter einem Jahr wiegen die Penisknochen allgemein weniger als 1,2 g (Trockengewicht) und die Hoden enthalten noch kein reifes Sperma. Das Gewicht der Penisknochen bei ein- bis zweijährigen Tieren beträgt 1,5 bis 2,5 g (Trockengewicht), während das Gewicht dieses Knochens bei Tieren über 2 Jahre ein Gewicht von 2,5 g und mehr aufweist (JOHNSON). Der Klitorisknochen weiblicher Tiere kann nicht zur Altersbestimmung herangezogen werden.

3. Systematik und Stammesgeschichte

Die Gattung Waschbär *(Procyon* Storr 1780) gehört zur Gruppe der Landraubtiere (Fissipedia), die aus neun Familien besteht. Diese Familien werden nach heutiger Auffassung in drei Familiengruppen zusammengefaßt: Arctoidea (Mustelidae, Procyonidae, Ailuridae und Ursidae), Cynofeloidea (Canidae und Felidae) und Herpestoidea (Herpestidae, Viverridae und Hyaenidae). Waschbären gehören zur Familie der Procyonidae.

Die Systematik der Procyonidae (neuweltliche Kleinbären) ist recht kontrovers. Die in Deutschland vorherrschende Meinung ist eine Einteilung dieser Familie in fünf bzw. sechs Gattungen. THENIUS und POGLAYEN-NEUWALL unterteilen sie in fünf Gattungen *(Bassariscus* Coues 1887, *Bassaricyon* Allen 1876, *Procyon* Storr 1780, *Nasua* Storr 1780, *Potos* Cuvier und Geoffrey 1795). REMANE, STORCH und WELSCH zählen die Gattung *Nasuella* Hollister 1915 ebenfalls zu den Procyoniden. Diese Familie wird zusammen mit den Ailuridae *(Ailurus* Cuvier 1825, *Ailuropoda* Milne Edwards 1870) in der Gruppe der Kleinbären zusammengefaßt. Eine Trennung der Ailuridae von den Procyonidae soll im Alttertiär geschehen sein. Eine Unterteilung in diese beiden Familien erfolgte aufgrund morphologischer und geographischer Unterschiede. Procyoniden sind ursprünglich in Amerika, Ailuriden in Eurasien zu finden.

Dem stehen verschiedene Auffassungen amerikanischer Autoren gegenüber. MORRIS unterteilt die Procyoniden in zwei Unterfamilien: die Procyoninae und die Ailurinae, wobei er die Procyoninae in sechs Gattungen unterteilt. VAUGHAN nimmt eine Einteilung dieser Familie in sieben Gattungen vor, wobei er *Ailurus* (kleiner Panda oder Katzenbär) mit zu den Procyoniden zählt, *Ailuropoda* (großer Panda, Bambus- oder Prankenbär) dagegen der Familie der Ursidae zuordnet, so daß er in seiner Systematik keine Familie der Ailuridae kennt. Aufgrund dieser unterschiedlichen systematischen Zuordnung sowie der Ungeklärtheit ihrer Abstammung sind, wie zu erwarten, auch unterschiedliche Angaben über den Beginn der Existenz dieser Familie gemacht worden (SIMPSON; WALKER; LECHLEITER; VAUGHAN).

Die Gruppe der neuweltlichen Kleinbären ist eine recht homogene Gruppe. Die sechs Gattungen dieser Familie leben in Nord-, Mittel- und Südamerika. Die Gattung *Bassariscus* mit dem bekannten Katzenfrett *(Bassariscus astutus)*, der ein „lebendes Fossil" ist, gilt als ursprünglichste Gruppe, die in Nord- und Mittelamerika lebt. Den höchsten Grad der Spezialisierung haben die Gattungen *Potos* (Wickelbär), *Nasua* (Nasenbär) und *Nasuella* (Zwergnasenbär) erreicht, die mit Ausnahme der letzten Gattung (nur in Südamerika) über Mittel- und Südamerika verbreitet sind. Die Gattung *Bassaricyon* (Maki- oder Schlankbär) kommt ebenfalls in Mittel- und Südamerika vor. Ihre wissenschaftliche Bezeichnung hat diese Familie von der wohl bekanntesten hier interessierenden Gattung *Procyon*.

Zeitliche Angaben über die Entstehung der Gattung *Procyon* sind recht unterschiedlich. Nach THENIUS soll diese Gattung in Nordamerika erstmalig im Pliozän existiert und sich im Pleistozän nach Südamerika ausgebreitet haben. Nach DARLINGTON lebt *Procyon* schon seit dem Miozän in Nordamerika und erreichte im oberen Miozän Südamerika, bevor die Landbrücke zwischen Mittel- und Südamerika bestand. Nach den heute vorliegenden Fossilien kann festgestellt werden, daß diese Gattung seit dem Pleistozän in Nordamerika existiert. Der älteste bekannte Vertreter dieser Gattung lebte im oberen Pleistozän und heißt *P. rexroadensis* Hibbard 1941.

Die Abstammung der Procyoniden ist nach heutiger Ansicht ungeklärt. COLBERT und ROMER leiten sie von nordamerikanischen Caniden ab. Nach einer abstammungsgeschichtlichen Karte des Museum of Natural History in New York sollen sich die Procyoniden im Pliozän aus dem im Miozän in Nordamerika verbreiteten *Phlaocyon* entwickelt haben. Diese Verwandtschaft wird allerdings in neueren Untersuchungen in Frage gestellt. Weder eine Verwandtschaft zu *Phlaocyon* noch eine Ableitung von den Caniden scheint sicher zu sein (THENIUS). Gesichert scheint allerdings, daß die Procyoniden und die Musteliden eine gemeinsame Ursprungsgruppe haben, die bislang noch unbekannt ist. Da es in Europa im Alttertiär Raubtiere mit procyonider Gehörregion gegeben hat, wird gelegentlich auch ein altweltlicher Ursprung dieser Familie angenommen. Allerdings könnten diese europäischen „Procyoniden" auch als Einwanderer aus der Neuen Welt angesehen werden.

Die rezenten Vertreter der Gattung *Procyon* werden aufgrund morphologischer Unterschiede in zwei Untergattungen, *Procyon* Storr 1780 (nordamerikanischer Waschbär) und *Euprocyon* Gray 1864 (südamerikanischer Krabbenwaschbär) eingeteilt, wobei für *Procyon* 6 Arten und 27 Unterarten und für *Euprocyon* 1 Art und 5 Unterarten angegeben werden. Im neueren Schrifttum wird allerdings meistens von einer Unterteilung in Untergattungen abgesehen.

Die bekannteste Art ist *Procyon lotor* (Linnaeus 1758), deren natürliches Vorkommen von Südkanada bis Mittelamerika reicht. In Kanada hat der Waschbär sein Vorkommen im Staate Manitoba bis zum 56.° nördlicher Breite ausgedehnt, in Saskatchewan wird eine weitere Ausbreitung in Richtung Westen beobachtet und an der Westküste liegt die nördliche Grenze seiner Ausbreitung in Höhe des 54.° Nord. Dieses ist geographisch etwa in Höhe des südöstlichen Alaskas, wo acht Vertreter von *Procyon lotor (P. l. psora)* 1941 auf der Insel Singa ausgesetzt wurden und inzwischen schon auf der Insel El Capitan beobachtet werden. Fangergebnisse aus dem Jahre 1947 zeigten, daß diese aus Indiana stammende Unterart sich in Alaska offenbar gut an das harte Klima gewöhnt hat.

Mit Ausnahme einiger Gebiete in den Rocky Mountains und einiger Trockenwüsten ist *Procyon lotor* in verschiedenen Gebieten aller Staaten der USA verbreitet. Im Süden überschneidet sich sein Verbreitungsgebiet in Costa Rica und Panama mit demjenigen von *Procyon cancrivorus* Cuvier 1798 (Krabbenwaschbär), dessen Verbreitungsgebiet im Süden bis Paraguay reicht. Die übrigen fünf Arten (*P.maynardi* Bangs 1898, *P. insularis* Merriam 1898, *P. minor* Miller 1911, *P. pygmaeus* Merriam 1901, *P. gloveralleni* Nelson und Goldman 1930) leben auf verschiedenen Inseln des mittelamerikanischen Raumes vor Florida und Mexiko (s. Abb. 4) und unterscheiden sich von *P. lotor* und *P. cancrivorus* durch kleineren Wuchs. In Europa und der Sowjetunion ist die Art *P. lotor* eingebürgert worden (NIETHAMMER; HEPTNER und NAUMOV). Da es sich bei den eingebürgerten Tieren um Farmtiere handelt, ist eine unterartliche Zuordnung nicht möglich (für die Bundesrepublik Deutschland RÖBEN).

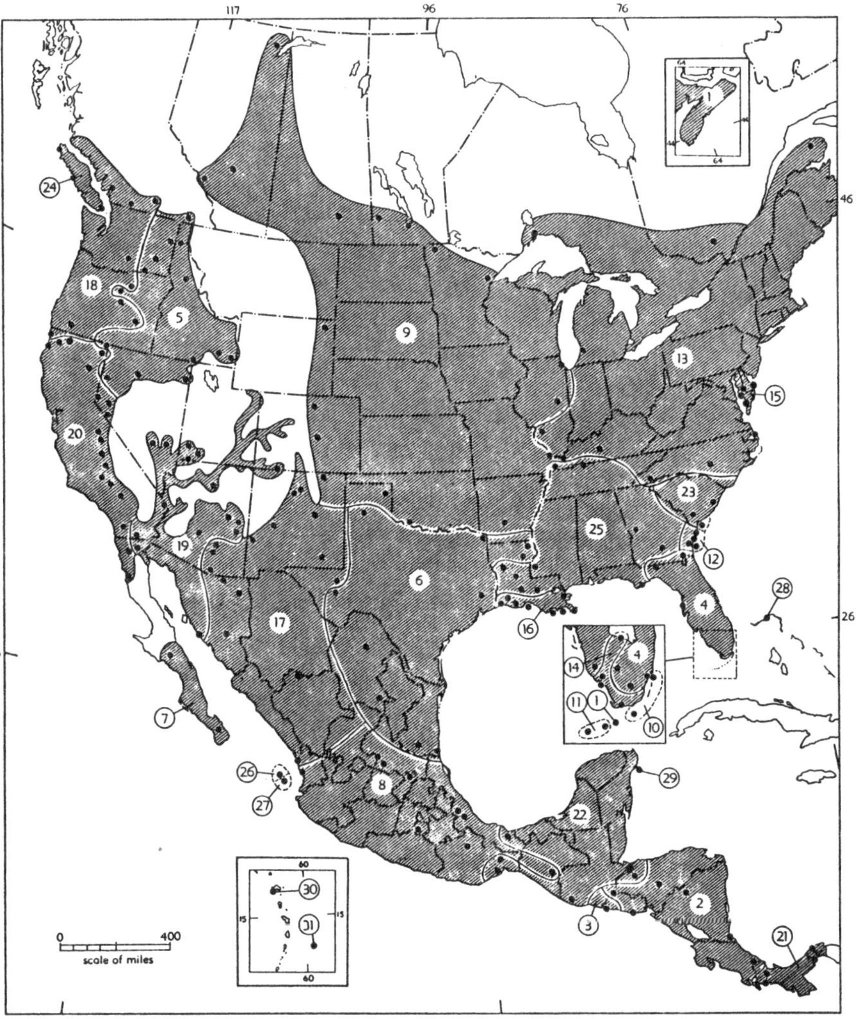

Abb. 4 Verbreitungsgebiet der Waschbären in Nord- und Mittelamerika (aus HALL und KELSON, map 456)

1. P. l. auspicatus
2. P. l. crassidens
3. P. l. dickeyi
4. P. l. elucus
5. P. l. excelsus
6. P. l. fuscipes
7. P. l. grinnelli
8. P. l. hernandezii
9. P. l. hirtus
10. P. l. inesperatus
11. P. l. incautus
12. P. l. litoreus
13. P. l. lotor
14. P. l. marinus
15. P. l. maritimus
16. P. l. megalodous
17. P. l. mexicanus
18. P. l. pacificus
19. P. l. pallidus
20. P. l. psora
21. P. l. pumilus
22. P. l. shufeldti
23. P. l. solutus
24. P. l. vancouverensis
25. P. l. varius
26. P. insularis insularis
27. P. insularis vicinus
28. P. maynardi
29. P. pygmaeus
30. P. minor
31. P. gloveralleni

II. DIE LEBENSWEISE DES WASCHBÄREN

4. Lebensraum

In seinem natürlichen Verbreitungsgebiet von Südkanada bis Mittelamerika lebt der Waschbär in sehr unterschiedlichen Landschaften. Eine der hervorstechendsten Eigenschaften dieses Tieres ist seine große Anpassungsfähigkeit an verschiedene Lebensräume (Habitate). Er lebt in Waldgebieten und in der Prärie, in der Nähe von Flüssen und Sümpfen, am Rande von Savannen und Halbwüsten sowie auch im Schwemmland und den Mangrovendickichten des Südens.

Im bewaldeten Bergland und in Felsklippen werden Waschbären in der Nähe von natürlichen Gewässern gefunden. Im Gebirge über 2.500 m, in reinen Nadelwäldern und Trockengebieten ohne Wasserquellen treten sie nicht auf.

Ein typisches Waschbärhabitat besteht aus Waldgebieten, durchsetzt von Feuchtland und landwirtschaftlich genutzten Flächen. Fänge im südwestlichen Georgia und nordwestlichen Florida brachten die größten Strecken in Hartholzwäldern, mittlere in landwirtschaftlich genutzten Gebieten und Hochlandhartholzwäldern und niedrige Strekken in Kiefernwaldgebieten. Wesentlich für ein Waschbärhabitat scheinen genügend Nahrung, eine ständige Wasserquelle und hohle Bäume oder andere Schutzhöhlen zu sein.

Die geringen Anforderungen des Waschbären an seinen Lebensraum zeigen sich auch an der Tatsache, daß er ein Kulturfolger ist und von der zunehmenden Kultivierung landwirtschaftlich nicht genutzter Flächen zu profitieren scheint, da mit der Nutzung dieser Gebiete ein größeres Nahrungsangebot verbunden ist. Auch die Ausdehnung von Ballungsgebieten um große Städte und die Zersiedlung der Landschaft, die in den Vereinigten Staaten ebenso anzutreffen ist wie in Mitteleuropa, verdrängt den Waschbären nicht. Man findet ihn in vorstädtischen Wohngebieten und Parks, aber auch in ausgesprochenen Industriegebieten. So wurde 1970 in Hamburg ein Waschbär auf dem

Gelände einer Konservenfabrik erlegt, der sich dort des längeren von dem Obstlager ernährt hatte (THEWES).

5. Aktivität

Waschbären sind nachtaktive Tiere. Im allgemeinen beginnen sie ihre Aktivität am späten Nachmittag und beenden sie in den frühen Morgenstunden. Zwei Freilanduntersuchungen konnten genauere Ergebnisse über die Aktivität der Waschbären liefern. In einer Untersuchung in Nebraska konnte über drei Winterperioden (Ende November bis März) an einer Winterfütterung beobachtet werden, daß die ersten Waschbären gegen 17.00 Uhr an dem Futterplatz erschienen, während morgens nach 5.30 Uhr keine Tiere mehr an der Fütterung angetroffen wurden (SHARP und SHARP). Die meisten Tiere erschienen in der Zeit von 20.30 bis 21.00 Uhr. Der größte Anteil (72 %) verließ um 24.00 Uhr den Futterplatz. Einjährige Waschbären sowie Junge mit ihren Müttern waren als erste an der Fütterung. Adulte Tiere ohne Junge sowie sehr vorsichtige Waschbären zeigten sich erst nach 22.00 Uhr.

Weitere Daten konnte eine Freilanduntersuchung in Michigan mit Hilfe elektrischer Monitoren gewinnen. Die Monitoren waren über einen Zeitraum von einem Jahr am Eingang von Baumhöhlen und Erdbauen angebracht. Sie zeigten, daß die meisten Waschbären ihre Ruheplätze zwischen 19.00 und 20.00 Uhr verließen und ihre Aktivität zwischen 4.00 und 5.00 Uhr morgens beendeten (BERNER und GYSEL). Bei dieser einjährigen Untersuchung sind also offenbar nur sehr geringfügige oder gar keine jahreszeitlichen Schwankungen in der Dauer der Nachtaktivität aufgetreten. Demgegenüber werden in einigen Veröffentlichungen Aktivitätsbeginn und -ende der Waschbären zum Sonnenunter- bzw. -aufgang in Beziehung gesetzt. Die Ergebnisse weichen allerdings teilweise so erheblich voneinander ab, daß man auf diese Frage keine eindeutige Antwort geben kann.

Zwei telemetrische Untersuchungen beschäftigten sich mit der Dauer der nächtlichen Aktivität bei Waschbären. Während weibliche Tiere maximal 8 bis 13 Stunden aktiv waren (SCHNEIDER, MECH und TE-

STER 1971), lag die Aktivitätsdauer eines jungen Waschbären von Februar bis August durchschnittlich bei etwa 9 Stunden (TURKOWSKI und MECH). Beim Herannahen der Winterruhe wurde die Aktivitätsphase der Waschbären zunehmend kürzer.

Während des Tages sind Waschbären selten aktiv. Gelegentlich kann man sie allerdings am Tage sehen. So berichtet STUEWER (1943 a) z. B. von Waschbären, die sich in der Mittagssonne sonnten. In Florida haben in den Salzwassermarschen lebende Waschbären ihre Aktivitätsphase von dem Tag-Nachtrhythmus gelöst und auf den Rhythmus von Ebbe und Flut eingestellt (IVEY). Bei Ebbe suchen die Tiere in den trockenliegenden Gebieten ihre Nahrung, während sie bei Flut inaktiv sind.

6. Schlaf- und Ruheplätze

Geschützte Schlaf- und Ruheplätze haben für das Leben und die Verbreitung dieses Nachttieres eine große Bedeutung. Dort hält der Waschbär seine Tagesruhe; sie bieten dem Waschbären darüber hinaus Schutz vor schlechtem Wetter und Feinden. Die Jungen werden an diesen Orten geboren und verbringen dort die ersten Wochen ihres Lebens.

Weiterhin werden diese Plätze auch zur Winterruhe aufgesucht. Bevorzugt sind Schlafplätze in der Nähe von Wasser. Bei Feldstudien in Michigan lagen die Schlaf- und Ruheplätze zwischen 3 und 66 m vom Wasser entfernt (STUEWER 1948), während man in Iowa eine durchschnittliche Entfernung von 66 m festgestellt hat (CABALKA, COSTA und HENDRICKSON).

Waschbären bauen selbst keine Nester. Entgegen dieser weitläufigen Meinung schreibt KAMPMANN (1972; 1975), daß Waschbären in der Bundesrepublik im Herbst trockenes Gras, Laub und Moos in ihr Winterlager bringen. Sie halten die vorgefundenen Plätze trocken und sauber. In felsigen Gebieten werden gelegentlich Fäkalien des Waschbären in der Nähe des Einganges von ihm benutzter Höhlen gefunden.

Da der Waschbär einerseits auf die in der Natur vorhandenen Schlaf- und Ruheplätze angewiesen ist, andererseits aber in seinem vielfältigen Lebensraum sehr anpassungsfähig ist, sind die aufgesuchten Schlaf- und Ruheplätze sehr unterschiedlich. In Waldgebieten sucht er hohle Bäume, breite Äste und Höhlungen zwischen den Baumwurzeln auf. Gegenüber anderen Plätzen werden Baumhöhlen bevorzugt. Hohle Bäume, die von Waschbären bewohnt werden, zeigen typische Kratzspuren an der Rinde. Im Gebirge und felsigem Gebiet verbringt der Waschbär den Tag oftmals in Spalten und Höhlen von zum Teil recht steilen Felswänden. In den Niederungen werden geschützte Plätze auf dem Boden, wie z. B. hohle Baumstümpfe, Reisighaufen, Grasbulte u. ä. aufgesucht. Der Waschbär benutzt oft die Nester und Erdbaue anderer Tiere, wie z. B. die Kobel des grauen Eichhörnchens und die Baue von Füchsen und Dachsen (PESCH; SCHNITZLER; HARTWIG). Auch die Nähe menschlicher Behausungen wird bei der Suche nach Schlaf- und Ruheplätzen nicht gescheut. Bisweilen suchen Waschbären Schutz in Feldscheunen. Es ist auch bekannt, daß weibliche Tiere ihre Jungen unter Farmgebäuden, in Schornsteinen oder verlassenen Häusern zur Welt bringen. In einem Vorstadtgebiet hielten sich Waschbären tagsüber vorwiegend in Abflußrohren, Garagen, verlassenen Schuppen, Lagerhäusern und ähnlichen Orten auf.

Da die Schlaf- und Ruheplätze eine große Bedeutung für den Waschbären haben, ist ihnen von amerikanischen Biologen eine verhältnismäßig große Aufmerksamkeit bei der Erforschung der Lebensweise dieses Tieres zuteil geworden. Man hat nicht nur untersucht, an welchen Orten der Waschbär ruht, sondern auch die Häufigkeit der Benutzung bestimmter Plätze festgestellt.

Bei einer Untersuchung von 12 Baumhöhlen und 3 Erdbauen in Michigan wurden die meisten, im Jahresverlauf etwa zu 95 %, von Waschbären benutzt (BERNER und GYSEL), und zwar am häufigsten im April, Mai, November und Dezember. Die geringste Benutzung lag in Zeiten mit hohem Nahrungsangebot und mildem Klima (August, September). Zwei besonders bevorzugte Plätze lagen zwar recht weit vom

Wasser und Nahrungsort entfernt, boten aber einen besonders großen Schutz gegen schlechtes Wetter.

Mit Hilfe der Telemetrie[1]) ist man nicht darauf angewiesen, einzelne Baum- oder Erdhöhlen auf ihre Benutzung durch Waschbären zu untersuchen, sondern kann unmittelbar das Verhalten einzelner Tiere kontrollieren. Telemetrische Untersuchungen über das Tagesruheverhalten von Waschbären in einem typischen Waschbärhabitat in Minnesota haben gezeigt, daß von Frühjahr bis Herbst Baumhöhlen, Eichhörnchenkobel und Bodenplätze aufgesucht wurden. SCHNELL stellte fest, daß bis zum 21. Juli auch Nester von Vögeln benutzt wurden. Allerdings nimmt er unter Hinweis auf ihre Vorliebe für die Nesträuberei an, daß die Waschbären hier oftmals primär nach Nahrung suchten, um sie erst in zweiter Linie als Tagesschlafplätze auszuwählen. Dementsprechend wurden diese Orte auch jeweils nur einmal als Schlafplatz benutzt.

Andere telemetrische Untersuchungen ergaben, daß der Waschbär normalerweise täglich andere Ruheplätze innerhalb seines Wohngebietes benutzt. Tagesruheplätze in bestimmten Gebieten werden häufiger aufgesucht als in anderen. Während der Winterruhe und der Aufzucht der Jungen wird der geschützte Platz, vornehmlich eine Höhlung in einem Baum, natürlich über längere Zeit benutzt, nach Ende dieser Perioden aber für den Rest des Jahres überhaupt nicht mehr.

7. Winterruhe

Im Norden seines Verbreitungsgebietes ist der Waschbär während des Winters inaktiv. Dieser Zustand der Inaktivität wurde von einigen Autoren als „Winterschlaf" (BREHM; WHITNEY und UNDERWOOD 1952 a), von anderen als „Scheinwinterschlaf" (SHARP und SHARP), „Hungerschlaf" (RÖHRS) im Sinne eines Winterschlafes oder als „Win-

[1]) Als Telemetrie werden verschiedene elektronische Ortungsmethoden bezeichnet, bei denen die Ortung entweder von zwei feststehenden Peilempfängern oder von einer mobilen Station vorgenommen wird. In jedem Fall wird an dem Versuchstier mit einem Halsband ein kleiner tragbarer Sender befestigt. Zu Einzelheiten der Verwendung der Telemetrie bei biologischen Freilanduntersuchungen siehe COCHRAN und LORD; COCHRAN, WARNER, TESTER und KUECHLE; MECH, KUECHLE, WARNER und TESTER; SLAGLE.

terruhe“ (EISENTRAUT) gekennzeichnet. Inzwischen weiß man, daß es sich beim Waschbären nicht um einen Winterschlaf handelt (HAMILTON 1943; EISENTRAUT), da keine Verminderung des Stoffwechsels, Herabsetzung der Atmung, des Herzschlages und der Körpertemperatur eintritt (FOLK, COADY und FOLK; POGLAYEN-NEUWALL). Man bezeichnet diese winterliche Inaktivität am besten als Winterruhe. Die schlafenden Tiere sind schon bei geringen Störungen hellwach und zur Verteidigung fähig.

Der Waschbär nimmt während der Winterruhe keine Nahrung zu sich, sondern lebt von den im Herbst angefressenen Fettreserven. Nach einem anhaltenden und strengen Winter sind die Waschbären oft so abgemagert und geschwächt, daß sie Fuchs und Uhu zum Opfer fallen können. Nach außergewöhnlich langen Kälteperioden wurden auch schon verhungerte Tiere gefunden (SIMKIN; MECH, BARNES und TESTER).

Beginn und Dauer der Winterruhe hängen von den klimatischen Bedingungen eines Gebietes ab und verändern sich dementsprechend von Jahr zu Jahr. Einige Tage vor Einsetzen der Winterruhe ist die Aktivität der Tiere eingeschränkt. Bei weiblichen Tieren und deren Jungen wurde beobachtet, daß diese 4 Tage vor Einsetzen der Winterruhe ihr Winterlager aufsuchten. Die Waschbären eines Gebietes werden etwa zur gleichen Zeit inaktiv. Als auslösende Faktoren werden in der Literatur Schneefall, niedrige Temperaturen sowie starke Winde genannt. In dem milden Klima der amerikanischen Südstaaten legt der Waschbär keine Winterruhe ein, wohingegen die Inaktivität der Tiere in den langen und schneereichen Wintern der nördlichen Bundesstaaten der USA und in Kanada bisweilen sehr lange anhalten kann. Im Red-River-Tal im kanadischen Manitoba kann die Winterruhe annähernd 4 Monate betragen, während sie in Michigan etwa 3 Monate dauert und in anderen Gebieten meist kürzer ist. Gewöhnlich sind die Waschbären nicht länger als einen Monat hindurch inaktiv, manchmal sind es nur wenige Wochen oder Tage. Allerdings fehlt bisher noch eine umfassende Untersuchung der Winterruhe des Waschbären im Nord-Südgefälle.

Bei wärmerem Wetter verlassen die Waschbären ihr Winterlager, um auf Nahrungssuche zu gehen. Am aktivsten waren die Tiere in lauen Winternächten mit leichtem Regen. In Iowa wurde beobachtet, daß Schneefall im frühen Winter die Aktivität der Waschbären einschränkte und daß Wärmeeinbrüche im Dezember, Januar und Februar die Waschbären jeweils wieder aktivierte, obwohl eine Schneedecke von etwa 13 cm vorhanden war (CABALKA, COSTA und HENDRICKSON). Bei Neuschnee und Kälteeinbruch bleibt der Waschbär erneut in seinem Winterlager.

Weibliche Tiere teilten, soweit ausreichend Platz vorhanden war, mit Jungen ihres letzten Wurfes den Überwinterungsplatz. Aber auch andere Waschbären ziehen einen gemeinsamen Winterruheplatz vor. So wurde z. B. in Missouri bei einer Überprüfung von Überwinterungsplätzen festgestellt, daß von 40 männlichen Waschbären nur 8 alleine überwinterten, wobei die beiden schwersten Tiere ihr Winterlager mit 1 bzw. 2 Jungtieren teilten. Von den 60 überprüften weiblichen Tieren hingegen wurden 32 alleine angetroffen, wobei 11 der 16 schwersten Tiere alleine waren (TWICHELL und DILL). Auch WHITNEY und UNDERWOOD (1952 a) beobachteten, daß alte weibliche Tiere alleine überwinterten.

An besonders geeigneten Plätzen scheinen sich gelegentlich größere Gruppen von Waschbären anzusammeln. So fand man zum Beispiel 7 junge Tiere in einem Abflußrohr (BERNER und GYSEL), 6 Tiere in einem hohlen Baum, 8 Tiere unter einer flachen Felsplatte (WHITNEY und UNDERWOOD 1952 a) und 23 Tiere in dem Keller eines verlassenen Hauses in Minnesota (MECH und TURKOWSKI).

8. Ernährung

a) Die Nahrung

Das Nahrungsverhalten des Waschbären ist in den Vereinigten Staaten sehr intensiv untersucht worden. Als Methode diente die Untersuchung der Exkremente, des Magen- und Darminhalts. WOOD (1954) vertritt die Auffassung, daß eine Untersuchung von Exkrementen zuverlässigere Aussagen über die Nahrung zuläßt als die Analyse des Darminhalts, wohingegen HAMILTON schon 1951 darauf hingewiesen hat, daß einige Nahrungsbestandteile, wie z. B. der Inhalt von Eiern, so gründlich verdaut werden, daß sie im Kot nicht mehr identifiziert werden können. Eine Reihe von Untersuchungen hat auch das Nahrungsverhalten im Ablauf eines Jahres oder eines noch längeren Zeitraumes zum Gegenstand gehabt. Dabei hat sich u. a. herausgestellt, daß Waschbären insbesondere in nördlichen Klimazonen im Spätsommer und Herbst mehr Nahrung aufnehmen, um sich die notwendigen Fettreserven für die Winterruhe anzulegen (NESENI 1952; WHITNEY und UNDERWOOD 1952 a).

Die Untersuchungen haben gezeigt, daß Waschbären Allesfresser (Omnivoren) sind. Die Nahrung des Waschbären richtet sich nach dem jeweils vorhandenen Nahrungsangebot und variiert im Ablauf eines Jahres. WOOD (1954) berichtet, daß von Waschbären eines Hochlandhabitats in Texas im Verlaufe eines Jahres wenigstens 68 verschiedene tierische und pflanzliche Bestandteile gefressen wurden, während LLEWELLYN und UHLER feststellten, daß Waschbären in einem vorwiegend bewaldeten Flußniederungshabitat in Maryland allein mehr als 100 verschiedene Objekte tierischer Nahrung im Ablauf eines Jahres fraßen. Die meisten Untersuchungen stimmen darin überein, daß der pflanzliche Nahrungsanteil im Sommer, Herbst und Winter überwiegt. Nach JOHNSON beträgt der pflanzliche Anteil in Alabama zu allen Jahreszeiten sogar 74 bis 90 % (Vol. %), während eine sowjetische Untersuchung, die 1946 bis 1953 in Aserbeidschan durchgeführt wurde, von einem etwa gleich großen Anteil tierischer und pflanzlicher Bestandteile in der Nahrung des Waschbären berichtet (RUBOVSKY).

Die meisten Untersuchungen lassen eine große Anpassungsfähigkeit des Waschbären an das Nahrungsangebot seiner Umgebung erkennen, wobei das Tier — mit gewissen Einschränkungen — das frißt, was am leichtesten zu erreichen ist. Ist ein reichliches Nahrungsangebot vorhanden, so entwickelt der Waschbär oftmals eine Vorliebe für eine bestimmte Nahrung, die in verschiedenen Lebensräumen allerdings unterschiedlich sein kann. In einzelnen Gebieten der Vereinigten Staaten bilden zum Beispiel folgende tierische und pflanzliche Bestandteile zeitweilig den Hauptanteil der Ernährung des Waschbären: Flußkrebse und Insekten, Eicheln, Mais und verschiedene Früchte wie z. B. wilder Wein und Dattelpflaumen. STUEWER (1943 a) stellte fest, daß Waschbären in Michigan die dort vorhandenen Eicheln dem ebenfalls reichlich vorhandenen Mais vorzogen.

Neben der genannten Nahrung wurden im Schrifttum wiederholt erwähnt: Fische, Frösche, Krebse, junge Schildkröten, Schildkröteneier, junge Vögel, Vogeleier, kleine Säugetiere (Spitzmäuse, Ratten, Kaninchen) und Aas verschiedener Tiere als tierische Nahrung, sowie Getreide, insbesondere Mais, Nüsse, Bucheckern, verschiedene Beeren und Früchte und Gras als pflanzliche Nahrung. Der Anteil an Wirbeltieren in der gesamten Nahrung ist recht gering, ausgewachsene Vögel werden vom Waschbären normalerweise nicht erbeutet (JOHNSON), es sei denn, es handelt sich um kranke und angeschossene Tiere (YEAGER und RENNELS; YEAGER und ELDER; TESTER; DORNEY 1954).

Die Anpassungsfähigkeit des Waschbären zeigt sich auch darin, daß er in der Nähe menschlicher Siedlungen und auf Campingplätzen versucht, seinen Nahrungsbedarf aus Abfällen zu decken. Um dieses zu verhindern, stellt man in den Vereinigten Staaten dort, wo Waschbären häufig auftreten, „waschbärensichere“ Abfalleimer auf Park- und Campingplätzen auf.

Eine neuere deutsche Untersuchung von LUTZE an Hand von 150 Magen-Darm-Trakten und 250 Losungen aus Nordhessen und Nordrhein-Westfalen zeigte, daß hinsichtlich der Häufigkeit der vorgefundenen Nahrungsbestandteile im Jahresdurchschnitt jeweils ein Drittel auf Wirbeltiere, Wirbellose und Pflanzen entfallen. Dabei ergaben sich allerdings jahreszeitlich bedingte Schwankungen der Beuteanteile, wobei der Anteil pflanzlicher Nahrung im Herbst und zur Reifezeit höher war. Unter den Wirbellosen waren Insekten und Ringelwürmer am häufigsten nachzuweisen. Der Anteil der Säugetiere im Jahresdurchschnitt betrug 10 % (davon 6 % Kleinsäuger, vorwiegend Mäuse), 1 % Hasenartige, außerdem 12 % Vögel und 2 % Fische.

b) Die Nahrungssuche

Waschbären sind „Suchjäger" (KAMPMANN 1972), d. h. sie hetzen oder beschleichen ihre Beutetiere nicht, wie viele Vertreter der Raubtiere, sondern suchen die Umgebung — vorwiegend auf dem Boden — gemächlich nach Freßbarem ab. Haben sie Beute gefunden, so verschlingen sie diese niemals wie Hund und Fuchs, sondern zerkleinern sie mit ihrem Gebiß. Es ist beim Waschbären häufig beobachtet worden, daß er „verschwenderisch" mit der Nahrung umgeht, wenn ein reichliches Nahrungsangebot vorhanden ist. Er beißt z. B. Feldfrüchte und Obst nur an, um es dann liegen zu lassen. TEVIS beobachtete, daß Waschbären gewöhnlich nur den Schwanz und die Hälfte bis Dreiviertel des Rumpfes von Flußkrebsen fressen.

Unabhängig davon, ob der Waschbär seiner Nahrungssuche auf dem Land oder im Wasser nachgeht, in jedem Fall nimmt er seine Nahrung nicht mit der Schnauze, sondern zuerst mit den Vorderpfoten auf. Hat der Waschbär auf dem Land eine Nahrung entdeckt, untersucht er sie zuerst, indem er sie mit seinen „Händen" (Vorderpfoten) betastet. Dann nimmt er die Nahrung mit diesen auf, um sie in unterschiedlicher Weise zwischen ihnen zu bewegen, bevor er sie schließlich frißt. Dieser Verhaltensablauf ist auch bei gefangenen Tieren zu beobachten.

Einen Großteil ihrer Nahrung suchen Waschbären in flachen Gewässern z. B. an Fluß- oder Seeufern, in flachen Bächen, Teichen, Überschwemmungsgebieten, Schwemmland, Brüchen und Tiedengebieten. Es wird verschiedentlich angenommen, daß Waschbären im Wasser lebende Kleintiere als Nahrung bevorzugen. Dabei hocken oder stehen sie auf ihren Hinterbeinen im flachen Wasser und bewegen ihre Vorderpfoten suchend und tastend am Boden und unter Steinen, um auf diese Weise Schnecken, Krebse, Wasserkäfer und andere kleine Wassertiere zu erbeuten. Dabei verlassen sie sich ausschließlich auf ihren gut entwickelten Tastsinn (GEWALT). Haben sie ein Nahrungsobjekt gefunden, bewegen und drehen sie es wiederum zwischen den Vorderpfoten, bevor sie es fressen.

c) Das sogenannte „Waschen“

Die Annahme, der Waschbär „wasche“ seine Nahrung vor dem Verzehr, ist seit jeher in der Literatur sehr verbreitet gewesen. Allerdings scheint diese Annahme in vielen Fällen mehr auf einer legendenhaften Überlieferung als auf tatsächlicher Beobachtung zu beruhen. Auch dort, wo Beobachtungen wiedergegeben werden, fehlt es häufig an der notwendigen Unterscheidung zwischen zwei bei oberflächlicher Betrachtung zwar ähnlichen, im einzelnen aber recht unterschiedlichen Verhaltensweisen des Tieres, von denen nur eine mit der populären Bezeichnung „Waschen“ beschrieben werden kann, obwohl es sich auch dabei nicht um einen Reinigungsvorgang handelt.

Der weit verbreitete Irrglaube, der Waschbär „wasche“ seine Nahrung, beruht teilweise auf einer Verkennung des allgemeinen Vorgangs der Nahrungsaufnahme des Tieres. Wie in dem vorangegangenen Abschnitt über die Nahrungssuche dargelegt wurde, nimmt der Waschbär jegliche Nahrung zuerst mit den „Händen“ auf und betastet und dreht sie vor dem Fressen. Geschieht dieses im Wasser, kann leicht der Eindruck entstehen, das Tier wolle seine Nahrung reinigen. Will man dem „Waschen“ aber überhaupt eine Bedeutung zukommen lassen, muß man es von diesem allgemeinen Nahrungsverhalten des Tieres unterscheiden. Unter dem eigentlichen „Waschen“ ist allein der Vorgang zu verstehen, daß das Tier seine Nahrung vom Land in das Wasser trägt, sie dort eintaucht und unter Wasser zwischen den Vorderpfoten bewegt. LYALL-WATSON, der 1963 die bisher umfangreichste Untersuchung zu dieser Frage vorgelegt hat, nennt diesen Vorgang „dousing“, um ihn schon begrifflich von dem unspezifischen, jegliches Betasten der Nahrung im Wasser einschließenden „washing“ zu unterscheiden. Wie er in seinen Untersuchungen nachgewiesen hat, ist das Suchen und Betasten der Nahrung im Wasser ein instinktives Verhalten, welches von jedem jungen Tier sofort gezeigt wird, während sich das sog. „Waschen“ (dousing) als angelernte Verhaltensweise darstellt.

Neben diese begriffliche Unterscheidung tritt die wichtige Tatsache, daß der hier als „Waschen“ definierte Vorgang der Verbringung von Nahrung ins Wasser bisher ausschließlich bei gefangenen Tieren beobachtet worden ist, nicht aber in der freien Wildbahn (GOLDMAN; WHITNEY und UNDERWOOD 1952 a; LYALL-WATSON 1963; EWER).

LYALL-WATSON (1963) stellte bei seinen Untersuchungen an 10 Waschbären im Londoner Zoo fest, daß die Tiere häufiger durch tierische als durch pflanzliche Nahrung zum sog. Waschen angeregt wurden. Dies bestätigt die Beobachtungen von GEWALT, der bei Gattertieren in West-Berlin bemerkte, daß sie Wassertiere häufig, Brot und Fleisch mäßig, Früchte und Gemüse nur selten in ihren Wassernapf eintauchten.

Über die Gründe für das sog. „Waschen“ gibt es in der Literatur recht unterschiedliche Auffassungen. Als zweifelhaft sind alle Erklärungen anzusehen, die darin ein zweckgerichtetes Verhalten sehen wollen, wie z. B. die Annahme, die Tiere wollten ihre Nahrung auf diese Weise vom Schmutz befreien (GOLDMAN; KAMPMANN 1972) oder die Vermutung, sie wollten die Nahrung durch das Waschen vom menschlichen Geruch befreien (CAMERON). Demgegenüber haben GEWALT und LYALL-WATSON (1963) beobachtet, daß die gefangenen Waschbären saubere Nahrung ebenso häufig „waschen“ wie verschmutzte. CAMERONs Auffassung wird durch die Tatsache widerlegt, daß nicht alle vom Menschen gereichte Nahrung „gewaschen“ wird.

Ebenso ist die Auffassung abzulehnen, der Waschbär wolle seine Nahrung anfeuchten, um auf diese Weise einer mangelhaften Speichelbildung abzuhelfen (WINCHESTER und LOVELL). Schon 1938 hat NESENI nachgewiesen, daß der Waschbär gut entwickelte Speicheldrüsen und eine gute Speichelbildung hat. Auch konnte an den Versuchstieren von GEWALT und LYALL-WATSON (1963) nicht beobachtet werden, daß sie trockene Nahrung häufiger als feuchte ins Wasser tauchten.

In die richtige Richtung scheinen demgegenüber alle Erklärungsversuche zu gehen, die das „Waschen“ als eine Ersatzhandlung der gefangenen Tiere deuten, wie man sie in unterschiedlicher Weise von vielen Zootieren kennt. So war BIERENS DE HAAN schon 1932 der Ansicht, es handle sich um ein „sensorisches Spiel“ der gefangenen Tiere. Im gleichen Sinne haben andere Autoren auf die „Freude“ des Waschbären, Dinge im Wasser zu fühlen, hingewiesen (CAHALANE; WHITNEY und UNDERWOOD 1952 a). Als Ersatzverhalten für einzelne Formen des natürlichen Beuteerwerbs, die dem gefangenen Waschbären verschlossen sind, wird das „Waschen“ von GEWALT und insbesondere von LYALL-WATSON (1963) erklärt. So deutet EWER es als das Bedürfnis nach aquatischem Nahrungserwerb. Auf die Bedeutung des hochentwickelten Tastsinnes in den „Händen“ des Waschbären weist GANDER hin, und LORENZ deutet das „Waschen“ in ähnlicher Weise als ein „Derivat der Tastbewegung“ (berichtet bei KAMPMANN 1972), wobei er allerdings von dem unspezifischen allgemeinen Begriff des Waschens ausgeht. In diesem Zusammenhang wird auch vermutet, daß die Sensibilität der Vorderpfoten durch das Anfeuchten der Nahrung erhöht wird (WELKER und SEIDENSTEIN).

Versteht man das sog. „Waschen“ mit der neueren Wissenschaft also als eine Ersatzhandlung gefangener Waschbären, so wird klar, daß dieser neuweltliche Kleinbär seinen wissenschaftlichen Namen *Procyon lotor* eigentlich zu Unrecht erhalten hat, denn waschen im Sinne eines Reinigungsvorganges tut er seine Nahrung nicht.

9. Fortpflanzung

Der Zeitpunkt der Geschlechtsreife der Waschbären, der Jahreszyklus ihrer Fortpflanzungsfähigkeit, die Anzahl und die durchschnittliche Größe der Würfe, sind wichtige Informationen für jeden, der sich mit der Ausbreitung eines wildlebenden Bestandes dieser Tiere befaßt. Dabei sind Daten, die auf Beobachtungen des Fortpflanzungsverhaltens beruhen, von solchen Daten zu unterscheiden, die durch anatomische Untersuchungen gewonnen wurden. Eine weitere wichtige Unterscheidung liegt darin, daß man Beobachtungen an gefangenen von solchen an freilebenden Waschbären trennt, denn auch beim Waschbären scheinen, ähnlich wie bei vielen anderen Tierarten, die Bedingungen eines

Lebens in Gefangenschaft einen Einfluß auf das Fortpflanzungsverhalten zu haben. Allerdings sind die Umwelteinflüsse auf das Fortpflanzungsverhalten des Waschbären, die bei den freilebenden Tieren vor allem als klimatische und geographische Einflüsse auftreten und sich dort z. B. in dem hormonal gesteuerten Zeitpunkt der Paarungszeit (Ranzzeit) niederschlagen, bisher noch nicht systematisch untersucht worden. Klimatisch-geographische Umwelteinflüsse auf das Fortpflanzungsverhalten des Waschbärbestandes in Europa können dann einmal interessant werden, wenn das Verbreitungsgebiet ähnlich wie in Nordamerika von mediterranen bis in subarktische Klimazonen reicht.

Im allgemeinen verläuft die Fortpflanzung der Waschbären in gemäßigten und nördlichen Klimagebieten folgendermaßen: Die Begattung findet während der Hauptranzzeit zu Beginn des Jahres etwa im Februar statt, die Jungen werden nach einer Tragzeit von durchschnittlich 63 Tagen im Frühjahr (etwa im April) geboren. Bei geschlechtsreifen weiblichen Tieren, die während der Hauptranzzeit nicht begattet wurden, kann im Frühjahr bis Frühsommer (April bis Juni) eine Nachranz eintreten. Die Jungen werden dementsprechend im Sommer bis Frühherbst geboren.

Über den Zeitpunkt der Geschlechtsreife der männlichen Waschbären bestand früher keine genaue Kenntnis. Es wurde zwar ein Fall einer erfolgreichen Fortpflanzung eines einjährigen männlichen Tieres in Gefangenschaft berichtet (Illinois, POPE). Gewöhnlich nahm man aufgrund von Beobachtungen aber an, daß die Tiere im ersten Lebensjahr nur selten fortpflanzungsfähig sind. Nach LÖHMER (1973) sollen Waschbären in freier Wildbahn in der Regel sogar erst im 3. Lebensjahr geschlechtsreif sein. SANDERSON (1951 a) vermutet, daß in Missouri alle männlichen Tiere im ersten Lebensjahr geschlechtsreif werden. Diese Vermutung wurde in Illinois an Hand von Untersuchungen über das Vorhandensein von Sperma und eines vorschiebbaren Penis bei 50 bis 75 % der männlichen Tiere am Ende des ersten Lebensjahres bestätigt (SANDERSON und NALBANDOV), während JOHNSON bei ähnlichen Untersuchungen im Süden

(Alabama) feststellt, daß die Tiere erst im Herbst des folgenden Jahres im Alter von 15 Monaten geschlechtsreif werden. Geht man von einer Geschlechtsreife der männlichen Jungtiere in ihren nördlichen Verbreitungsgebieten am Ende des ersten Lebensjahres aus, so kommen diese Tiere in freier Wildbahn gewöhnlich nicht mehr zur Vermehrung, da die Geschlechtsreife 3 bis 4 Monate nach der Hauptranz eintritt. Es ist aber nicht ausgeschlossen, daß sich die einjährigen männlichen Tiere während der Nachranz fortpflanzen (SANDERSON und NALBANDOV).

Bei der Untersuchung der Fortpflanzungsfähigkeit ausgewachsener männlicher Waschbären im Jahresverlauf stellte JOHNSON in Alabama fest, daß von Dezember bis Juni reifes Sperma in den Nebenhoden der Tiere vorhanden war. Der vollständige Jahreszyklus wurde von SANDERSON und NALBANDOV in Illinois untersucht. Sie stellten während des gesamten Jahres Sperma in den Nebenhoden fest und entdeckten ein direktes Verhältnis zwischen Hodengewicht und Menge des vorhandenen Spermas. Von September bis Dezember nahm das Hodengewicht zu, danach nahm es wieder ab und erreichte im Juli das Minimalgewicht. Allerdings fanden die Autoren einzelne Waschbären in dem Untersuchungsgebiet, die ab Juli für etwa 3 bis 4 Monate fortpflanzungsunfähig waren.

W e i b l i c h e   T i e r e werden im nördlichen Verbreitungsgebiet häufiger schon im ersten Lebensjahr geschlechtsreif, in den südlicheren Gebieten offenbar nicht so häufig. So wurde beobachtet, daß in Alabama etwa 10 % (JOHNSON), in Manitoba etwa 26 % (COWAN), in Michigan etwa 54 % (STUEWER 1943 b) und im benachbarten Illinois etwa 50 % und mehr (SANDERSON und NALBANDOV) der einjährigen weiblichen Tiere Junge hatten. Die Mehrzahl dieser Tiere wird schon während der Hauptranz, also etwa in ihrem 10. Lebensmonat heiß.

Parallel zum Jahreszyklus der Fortpflanzungsfähigkeit männlicher Tiere untersuchten SANDERSON und NALBANDOV auch denjenigen geschlechtsreifer weiblicher Waschbären. Dabei stellten sie fest, daß die Eierstöcke im Juli ihr niedrigstes Gewicht besitzen. Ihr Gewicht steigt bis November an, fällt bis Dezember wieder ab, steigt ab Januar erneut an, um schließlich im April das durchschnittliche Jahreshöchstgewicht zu erreichen.

Zwei bis drei Wochen bevor die weiblichen Tiere heiß werden, ist der Scheidenvorhof (Vulva) geschwollen. Die Hitze dauert drei bis sechs Tage. Drei bis vier Wochen nach der Begattung (Kopulation), die in der Literatur wiederholt beschrieben wurde (GOLDMAN; KAMPMANN 1972; LÖHMER 1973), hat die Vulva wieder ihr normales Aussehen. Die Ovulation (Eisprung) findet spontan, d. h. also unabhängig von der Begattung statt, wie in neueren Untersuchungen festgestellt wurde (SANDERSON und NALBANDOV).

In freier Wildbahn findet normalerweise nur eine Ovulation statt. Bei Tieren, die nach der ersten Ovulation in der Hauptranz nicht trächtig wurden oder solchen, die ihre Jungen am Tag der Geburt oder kurz danach verlieren, tritt im allgemeinen nach zwei bis vier Monaten (WHITNEY und UNDERWOOD 1952 a), nach anderen Angaben nach 80 bis 140 Tagen (SANDERSON und NALBANDOV) eine zweite Ovulation ein. Bei einjährigen Waschbären tritt normalerweise jedoch nur eine Ovulation ein. Zweifelhaft ist demgegenüber ein Bericht aus einem Schutzgebiet im Staate New York, wonach dort annähernd 50 % der geschlechtsreifen weiblichen Tiere zweimal pro Jahr werfen (VANDRUFF). Denn solange die weiblichen Tiere nähren, kann bei ihnen keine zweite Ovulation eintreten (SANDERSON und NALBANDOV). Die Möglichkeit einer zweiten Ovulation des Waschbären hat man teilweise in der Pelztierzucht genutzt, indem man entweder die Jungen frühzeitig entwöhnte, um die Muttertiere erneut decken zu lassen. Ein weibliches Tier hatte auf diese Weise in einem Jahr 12 Junge (WHITNEY und UNDERWOOD 1952 a). Oder man verlegte mit Hilfe künstlicher Lichtquellen, welche die Tageslichtperiode verlängerten, die Hauptranz in den Dezember vor, während diese bei den Kontrolltieren im Februar eintrat. Die im Dezember gedeckten Versuchstiere wurden nach der Entwöhnung der Jungen im Mai oder Juni ein zweites Mal erfolgreich begattet (BISSONNETTE und CSECH).

Die Paarungszeit (Ranz) des Waschbären wird hormonal gesteuert und scheint, wie auch die erwähnten Versuche mit künstlichen Lichtquellen zeigen, mit der Dauer und Intensität des Tageslichtes in Verbindung zu stehen. Dementsprechend hängt sie im natürlichen Verbreitungsgebiet des nordamerikanischen Waschbären von der geographischen Breite ab. In den nördlichen Staaten der USA kommt es im allgemeinen zwischen Januar und März zu einer Paarung, wobei die Hauptranzzeit im Februar liegt. Nach der Begattung setzen die Tiere im allgemeinen ihre Winterruhe fort. Der Witterungsverlauf scheint örtlich einen erheblichen Einfluß auf Zeitpunkt und Verlauf der Ranz zu haben. So führte im Januar 1950 ungewöhnlich mildes Wetter zu einer Vorverlegung der Ranz in Michigan (GEORGE und STITT), wohingegen durch den strengen Winter von 1950/51 in Wisconsin ein jahreszeitlich späteres Einsetzen derselben zu beobachten war (DORNEY 1953). Strenge Kälte setzt wahrscheinlich die Aktivität der männlichen Waschbären herab, so daß nur wenige weibliche Tiere begattet werden und die Nachranz (zweite Ovulation) eine erhöhte Bedeutung bekommt. Nach außergewöhnlich harten Wintern kommt es daher zu einem hohen Anteil spät geborener Waschbären (SANDERSON und NALBANDOV), was sich wiederum in der Populationsdynamik als ein begrenzender Faktor auswirken kann (s. S. 68); denn die frühe Ranzzeit in den nördlichen Verbreitungsgebieten des Waschbären wirkt sich sicherlich als eine Anpassung an die klimatischen Verhältnisse mit den langen Wintern aus (JOHNSON). Die schon im Frühjahr geborenen Waschbären haben bis zum nächsten Winter eine längere Zeitspanne für ihre Entwicklung und können im Herbst aufgrund ihres Entwicklungsstandes größere Fettreserven für die Zeit der Winterruhe ansammeln, als dies bei später im Sommer oder sogar im Frühherbst geborenen Waschbären möglich wäre.

Da der Waschbär im Süden seines amerikanischen Verbreitungsgebietes aufgrund des milden Klimas das ganze Jahr über genügend Nahrung findet, und dementsprechend normalerweise auch keine Winterruhe hält, findet dort dieser klimatische Anpassungsdruck nicht statt. Jedenfalls scheint die Ranzzeit in den Südstaaten weniger klar begrenzt zu sein als in den Nordstaaten. JOHNSON nimmt zwar an, daß sie im Süden im allgemeinen später ist und führt dafür Beobachtungen aus Alabama an, wo die größte Anzahl der Begattungen in der zweiten Aprilhälfte stattfand. In den angrenzenden Staaten Georgia und Südkarolina soll die Begattung hauptsächlich im März stattfinden. In Texas wurde die Hauptranz allerdings im Februar und Anfang März beobachtet. Nach anderen Quellen soll die Ranzzeit im Süden sogar noch früher liegen als in den Nordstaaten. Im Südosten der Vereinigten Staaten sollen Paarungen innerhalb eines Zeitraumes von 6 Monaten stattfinden und für die subtropischen Gebiete Floridas und Südkarolinas wird sogar angenommen, daß Paarungen während des ganzen Jahres stattfinden können (JOHNSON).

In der Bundesrepublik soll die Ranzzeit der Waschbären nach KAMPMANN (1972) im Januar und Februar liegen und sich insgesamt über einen Zeitraum von vier Wochen erstrecken.

Zur Ranzzeit findet man geschlechtsreife männliche und weibliche Tiere allein in ihren Schlafbäumen. Männliche Tiere ziehen nachts auf der Suche nach weiblichen Tieren umher. STUEWER (1943 a) berichtet von einem männlichen Waschbären, der während der Paarungszeit in einer Nacht acht verschiedene Schlafbäume aufsuchte. Männliche Tiere legen zu dieser Zeit große Entfernungen zurück, die bis zu 11 km (POGLAYEN-NEUWALL) oder sogar mehr als 20 km (FRÖHLICH) betragen können. Weibliche Tiere entfernen sich dagegen zu dieser Jahreszeit nicht weit von ihren Winterruheplätzen (STUEWER 1943 b). Während der Paarung gibt das weibliche Tier ein anhaltendes Keckern von sich. Nach der Kopulation trennen sich die Tiere gewöhnlich wieder. Gelegentlich schließen sich die Paare aber kurzfristig zusammen, um gemeinsam nach Futter zu suchen und die gleichen Schlaf- und Ruheplätze zu benutzen. Nach einer erfolgreichen Begattung werden weitere männliche Tiere von den weiblichen Waschbären abgewehrt.

Einige Autoren bezeichnen das Verhalten der männlichen Waschbären als „polygam“. Da aber das männliche Tier weitgehend zufällig mehrere weibliche Waschbären begattet, ohne daß es zu einer über längere

Zeit andauernden Paarbildung kommt, ist sein Verhalten daher richtiger als „promiskuitiv" zu bezeichnen.

Besondere Beobachtungen zum Fortpflanzungsverhalten von Gattertieren beschreiben KAMPMANN (1972) und LÖHMER (1973). KAMPMANN berichtet, daß männliche Waschbären während der Paarungszeit abwechselnd mit den Hinterbeinen scharren und daß sie sich aufrichten und mit den Vorderpfoten einen Zweig ergreifen, mit welchem sie sich Hinterkopf und Nacken reiben, so daß diese Stelle des Körpers am Ende der Ranzzeit enthaart und oft sogar wundgescheuert ist. Der Autor nimmt an, daß die Tiere auf diese Weise aus einer Hinterhauptdrüse einen Duftstoff absondern, mit welchem sie ihren Paarungsraum markieren. Auch weibliche Waschbären sollen dieses Verhalten zeigen, allerdings nicht ganz so intensiv und ohne dabei ein Sekret abzusondern, sondern, wie der Autor vermutet, um sich auf diese Weise mit dem Duftstoff des männlichen Tieres zu „parfümieren". LÖHMER beobachtete das „Sohlenwetzen" während der Ranz sowohl bei Auseinandersetzungen unter männlichen als auch männlichen und weiblichen Tieren. Auch konnte er bei einigen männlichen Tieren feststellen, daß diese entweder den Hinterschädel und Nacken (Nackenmarkierung) oder den Nasenrücken, die Stirn und die Augenwinkel (Stirnmarkierung) an Gegenständen scheuern. Allerdings enthalten die anatomischen Beschreibungen des Waschbären in den amerikanischen Veröffentlichungen keinen Hinweis auf besondere Drüsen im Kopfbereich. LÖHMER schließt dennoch nicht aus, daß der Waschbär Mandibular-, Orbital- und Nackendrüsen besitzt, deren Sekret von den männlichen Tieren während der Ranz zur Abgrenzung ihres Revieres dient. Neben dieser Nacken- und Stirnmarkierung konnte er bei männlichen Tieren Analbeutel-, Bauchfell- und Harnmarkierung beobachten. Bei freilebenden Waschbären ist die Markierung eines bestimmten Territoriums, wie man sie von zahlreichen anderen Tierarten kennt, bisher nicht beobachtet worden.

10. Entwicklung und Aufzucht der Jungen

Die trächtigen weiblichen Tiere suchen wenige Tage vor dem Werfen die Geburtsstätte auf, die sie bis zur Geburt der Jungen auch als Schlafplatz benutzen. SCHNEIDER, MECH und TESTER (1971) haben in Minnesota umfangreiche telemetrische Untersuchungen über Aufenthalt und Aktivität von Muttertieren und deren Jungen durchgeführt und dabei in Übereinstimmung mit früheren Beobachtungen festgestellt, daß die Geburtsstätte im allgemeinen ein hohler Baum ist. Waschbären bauen bekanntlich kein Nest. Es wurde aber an weiblichen Gattertieren beobachtet, daß diese kurz vor dem Werfen an den Wänden ihrer Höhle in einem hohlen Baum nagten und alle losen Holzstücke hinauswarfen. In der Nacht vor der Geburt verläßt das trächtige Tier seinen Wurfplatz im allgemeinen nicht mehr und in den ersten Tagen nach der Geburt bleibt die nächtliche Aktivität der Muttertiere stark herabgesetzt. Bei der Untersuchung in Minnesota entfernten sich die Muttertiere zur Futtersuche weniger als 6 Stunden, gelegentlich weniger als 2 bis 3 Stunden pro Nacht von ihren Jungen (SCHNEIDER, MECH und TESTER 1971).

Die Jungen werden nach einer Tragzeit von durchschnittlich 63 Tagen geboren. Die durchschnittliche Anzahl der Jungen pro Wurf ist in den Vereinigten Staaten recht unterschiedlich, wie aus Tabelle 2 hervorgeht, in welcher die Bundesstaaten der USA in Nord-Südrichtung geordnet sind. In der Bundesrepublik Deutschland beträgt die durchschnittliche Anzahl der Jungen pro Wurf drei (MÜLLER-USING 1970).

Die Tabelle scheint eine von JOHNSON getroffene Feststellung zu bestätigen, daß die durchschnittliche Anzahl der Jungen pro Wurf im Süden kleiner ist als in den Nordstaaten. Ob darin ein natürlicher Schutz gegen die höhere Jugendsterblichkeit des Waschbären liegt, die sich in dem nördlichen Teil seines natürlichen Verbreitungsgebietes aus den harten Wintern ergibt, kann nicht mit Bestimmtheit gesagt werden. JOHNSON hat außerdem auch auf recht unterschiedliche

Tabelle 2: **Anzahl der Jungen pro Wurf in den Vereinigten Staaten von Amerika** (nach JOHNSON, Table 5)

Staat	Anzahl der Würfe	durchschnittliche Wurfgröße	Quelle
Washington	7	2,0	SCHEFFER 1947
Nord-Dakota	25	4,8	FRITZELL 1978 a
Michigan (Süden)	11	4,0	STUEWER 1943 b
New York[1])	4	5,0	LLEWELLYN 1952 nach JOHNSON
Illinois	?	3,5	SANDERSON 1960 nach JOHNSON
Maryland	12	2,3	LLEWELLYN 1952 nach JOHNSON
Virginia (Südwesten)	5	4,4	KELLNER 1954 nach JOHNSON
Missouri	22	3,8	SANDERSON 1950
Kansas	8	4,6	STAINS 1956 nach JOHNSON
Nordkarolina (Küste)	10	1,9	LLEWELLYN 1952 nach JOHNSON
Südkarolina (Westen)	13	2,8	CUNNINGHAM 1962 nach JOHNSON
Alabama	101	2,5	JOHNSON
Georgia (Südwesten) und Florida (Nordwesten)	17	3,2	McKEEVER
Florida (nordwestliche Küste)	1	(5,0)	IVEY
Louisiana (Küste)	6	3,8	CAGLE
Texas (Osten)	26	3,4	WOOD 1955

[1]) Nach einer Untersuchung von VANDRUFF soll die durchschnittliche Wurfgröße in diesem Staat sogar 9 betragen. Diese Angabe erscheint aber sehr zweifelhaft.

Wurfgrößen im Süden hingewiesen und diese in Beziehung zu der örtlichen Bodenqualität und damit zum Nahrungsangebot gesetzt. So hat z. B. der Südosten der USA (Nord- und Südkarolina) eine recht geringe Bodenqualität und entsprechend niedrige durchschnittliche Wurfgrößen, wohingegen die Würfe z. B. in fruchtbaren Gebieten erheblich größer sind.

Wieviele Junge ein einzelnes weibliches Tier in einem Wurf geboren hat, kann man noch bis zum 10. Monat und später durch eine Untersuchung der Gebärmutter (Tracht) feststellen, die auch am lebenden Tier vorgenommen werden kann (STUEWER 1943 b; SANDERSON 1950, 1952; SANDERSON und NALBANDOV). Da sich die Plazenta nach der Geburt vollständig ablöst, bilden sich an den Verbindungsstellen der Embryos zum Uterus jeweils dunkel pigmentierte Bereiche, die etwa 1 Monat nach der Geburt deutlich sichtbar werden.

Ob das Alter der weiblichen Tiere einen Einfluß auf die Wurfgröße hat, wird in der Fachliteratur unterschiedlich beantwortet. Einige Autoren nehmen keinen Unterschied an (JOHNSON), andere gehen demgegenüber von kleineren Würfen junger weiblicher Tiere aus (WHITNEY und UNDERWOOD 1952 a; LÖHMER 1973; COWAN).

Die j u n g e n W a s c h b ä r e n kommen blind und mit geschlossenen Ohren als Nesthocker zur Welt. Sie wiegen bei der Geburt 60 bis 75 g. Über die Entwicklung des Fells gibt es unterschiedliche Angaben. Es wird berichtet, die Jungen seien zu diesem Zeitpunkt unbehaart (WHITNEY und UNDERWOOD 1952 a) oder spärlich behaart (MONTGOMERY 1968; LÖHMER 1973). Andere Autoren berichten aber von einer gut entwickelten Behaarung (HAMILTON 1936; CARAS; KAMPMANN 1972). Die Jungen schwarzer Waschbären sind bei der Geburt dunkel, graue Tiere mehr silbrig grau, gelbe Waschbären rosagrau und Albinos rosa. Die Gesichtsmaske ist bei der Geburt schon angedeutet und tritt 10 bis 12 Tage nach der Geburt deutlich hervor. Die charakteristische Schwanzfärbung erscheint bei der Geburt zunächst als pigmentierte Hautbänder, die sich innerhalb von 3 bis 4 Wochen zu gut behaarten Schwanzringen entwickeln.

Die Entwicklung junger Waschbären verläuft sehr langsam (LÖHMER 1973, 1976). Wenn sich nach 2 bis 4 Wochen die Augen der jungen Tiere und etwa 3 Wochen (18 bis 23 Tage) nach der Geburt die Gehörgänge geöffnet haben, steigert sich die Aktivität der jungen Waschbären zunehmend. Im Alter von 2 Monaten spielen und tollen sie in ihrer Baumhöhle und schauen neugierig nach draußen. Dabei fallen sie gelegentlich hinaus, werden aber vom Muttertier mit der Schnauze im Nackenfell gegriffen und in die Höhle zurückgetragen, wie man des öfteren bei Gattertieren beobachten konnte. In freier Wildbahn verläßt das Muttertier mit den Jungen etwa 1 1/2 bis 2 Monate nach der Geburt endgültig die Baumhöhle, die für den Rest des Jahres nicht mehr von den Waschbären als Ruhe- oder Schlafplatz benutzt wird und auch nicht regelmäßig in jedem Jahr für die Aufzucht der Jungen aufgesucht wird. Bei Störungen und Beunruhigungen trägt die Waschbärin ihre Jungen schon vorher einzeln an einen anderen geschützten Ort.

Solange die jungen Waschbären am Ort ihrer Geburt bleiben, werden sie ausschließlich mit Muttermilch ernährt (anders für Gattertiere: LÖHMER 1973). Weibliche Waschbären haben 3 Paar Zitzen, aus denen sie ihre Jungen säugen. Dabei liegen die Muttertiere in der ersten Zeit nach der Geburt auf der Seite oder auf dem Rücken, nehmen später dann die auch von Großbären bekannte Haltung ein, indem sie sich auf die Hinterkeulen setzen und sich zu ihren Jungen vorbeugen. Oft halten sie ein oder mehrere Jungen in den Vorderpfoten, damit diese die oberen Zitzen besser erreichen können.

Etwa 4 bis 8 Wochen nach der Geburt beginnt die Entwicklung des Milchgebisses, das im Alter von 10 Wochen ausgebildet ist. Es wird im Alter von 14 bis 20 Wochen durch das Dauergebiß ersetzt. In dieser Zeit beginnt auch die Entwöhnung der Jungtiere von der Muttermilch. Dabei werden im Schrifttum über den Zeitpunkt der Entwöhnung recht unterschiedliche Angaben gemacht, die von 1 1/2 Monaten nach der Geburt bis zu spätestens 4 Monaten reichen (HAMILTON 1936; STUEWER 1943 a; WHITNEY und UNDERWOOD 1952 a; BERARD; SANDERSON 1961 a; MONTGOMERY 1969 a; POGLAYEN-NEU-

WALL). Die praktische Bedeutung dieses Zeitpunktes für die Vermehrung des Waschbären liegt darin, daß bei laktierenden Waschbären keine zweite Ovulation stattfindet. Bei den unterschiedlichen Angaben muß man in Betracht ziehen, daß die Entwöhnung ein längerer Prozeß und kein plötzlicher Einschnitt ist. So beginnen die jungen Waschbären in Gefangenschaft schon im Alter von 9 Wochen zusätzlich zur Muttermilch auch feste Nahrung aufzunehmen. Bei wildlebenden Tieren liegt dieser Zeitpunkt womöglich noch früher (MONTGOMERY 1969 a).

Die Ernährung und Aufzucht der jungen Waschbären wird allein vom Muttertier übernommen. Die männlichen Tiere schließen sich auch nicht der Mutterfamilie an. Solange die Jungen in der Nähe der Mutter bleiben, sind sie im allgemeinen sicher vor natürlichen Feinden, da die Waschbärin bei einem Angriff auf ihre Jungen diese vehement gegen alle Feinde verteidigt.

Hat die Mutterfamilie die Geburtsstätte verlassen, bleiben die Jungen noch etwa 2 bis 3 Wochen in verschiedenen Bodenverstecken, bevor sie etwa im Alter von 8 bis 11 Wochen das Muttertier auf kurzen Streifzügen in die Umgebung begleiten. Schon eine Woche später unternimmt die Mutterfamilie alle Streifzüge gemeinsam und verläßt bei mangelhaftem Nahrungsangebot ihr Jagdrevier, um anderswo ein größeres Nahrungsangebot zu suchen. Während dieser Zeit wechseln ihre Schlafplätze ständig.

Im Alter von 16 Wochen beginnen die Jungtiere gelegentlich selbständig auf Nahrungssuche zu gehen und einige Wochen später lockert sich der Verband der Mutterfamilie. So wurde im September in Minnesota beobachtet, daß die Jungtiere getrennt vom Muttertier schliefen (SCHNEIDER, MECH und TESTER 1971). Allerdings verlassen sie das Wohngebiet der Mutter im allgemeinen nicht. Im Norden nimmt zu Beginn des Winters die familiäre Bindung wieder zu, die Mutterfamilie jagt wieder zusammen und sucht gemeinsame Schlafplätze auf. Bei Einbruch des Winters werden die nächtlich zurückgelegten Entfernungen kürzer. Die Mutterfamilie schläft regelmäßig gemeinsam in einer oder mehreren nebeneinanderliegenden Baumhöhlen, die dann schließlich auch als Winterlager dienen.

Einige Autoren berichten allerdings, daß sich die Mutterfamilien schon im Herbst auflösen (STUEWER 1943 a, 1943 b; POGLAYEN-NEUWALL; BURT und GROSSENHEIDER). Sie löst sich spätestens in der folgenden Ranzzeit auf. Die jungen Waschbären verlassen danach das Wohngebiet des Muttertieres, um neue Gebiete zu besiedeln (s. S. 67).

Dabei lösen sich die Bindungen zwischen einjährigen Tieren des gleichen Wurfes zum Frühjahr ebenfalls auf (FRITZELL 1977).

11. Innerartliches Verhalten und Gruppenbildung

Aus den wenigen bisher vorliegenden Untersuchungen über das innerartliche soziale Verhalten des Waschbären, die teilweise zudem noch an Gattertieren vorgenommen worden sind, ergibt sich folgendes Bild über die Soziobiologie dieses Tieres. Ausgewachsene Waschbären sind, abgesehen von den bereits im vorigen Kapitel erwähnten Mutterfamilien, im allgemeinen einzeln lebende Tiere. Ein hervorstechendes Merkmal des innerartlichen Verhaltens des Waschbären ist seine gewöhnlich als Toleranz bezeichnete Indifferenz gegenüber artgleichen Tieren außerhalb der Ranzzeit. So finden z. B. zwischen den Tieren selbst in Gebieten mit relativ hoher Populationsdichte, wo sich ihre Wohngebiete überlappen, keine Territorialkämpfe statt (YEAGER und RENNELS 1943; STUEWER 1943 a, 1943 b; JOHNSON; WILSON 1975). Auch zwischen Tieren, die oft zu mehreren nebeneinander am gleichen Ufer eines Flusses oder Baches nach Nahrung suchen, ist eine große Toleranz beobachtet worden. Kommen sich zwei Tiere allerdings so nahe, daß es zu einer Verletzung ihrer Individualdistanz kommt, konnte von BARASH folgendes Drohverhalten beobachtet werden: Die Tiere legten bei gesenktem Kopf die Ohren an und sträubten das Fell in Nacken und Schultern. Wirkte diese Drohung nicht, zeigten sie zusätzlich die Zähne. Das gleiche Verhalten wurde von einzelnen Tieren an einer Winterfütterung in Nebraska beobachtet, die von den Waschbärgruppen an der Fütterung toleriert werden wollten

(SHARP und SHARP). Wenn eine Gruppe von Waschbären gleichzeitig an der Fütterung erschien, wurde dieses Verhalten nur von einem der Tiere gezeigt. TEVIS berichtet von einem ähnlichen Drohverhalten, das im Sommer in einem bevorzugten Nahrungsgebiet jede Nacht mehrmals beobachtet werden konnte. Stießen dort 2 Waschbären aufeinander, so nahm eines der Tiere eine Abwehrstellung ein, indem es seinen Körper gegen den Boden preßte und seinen Kopf mit entblößten Zähnen drohend erhob. Der andere Waschbär machte einen „Katzenbuckel" und schaute ebenfalls mit entblößten Zähnen auf seinen Gegner hinab. Beide Tiere knurrten anhaltend, eine kämpferische Auseinandersetzung unterblieb aber bei solchen Begegnungen.

Überhaupt scheinen Waschbären in freier Wildbahn außerhalb der Ranzzeit untereinander jeden Kampf zu vermeiden, wohingegen bei Gattertieren Kämpfe verhältnismäßig häufig beobachtet werden. Diese Kämpfe sind von LÖHMER (1973) ausführlich beschrieben worden. BARASH stellte in einem Versuch mit Wildfängen fest, daß es zwischen Tieren, die bis zu 5 km voneinander entfernt gefangen worden waren, nur zu dem oben beschriebenen Drohverhalten und danach offenbar schnell zu einem Über-Unterordnungsverhältnis kam, wobei das sich unterordnende Tier den Kopf, die Bauchseite und den Schwanz senkte und sich danach in eine Ecke des Käfigs zurückzog. Waschbären aus voneinander entfernten Gebieten traten hingegen nach dem Drohverhalten in Rangordnungskämpfe ein.

Innerartliche Aggressionen und Kämpfe konnten unter den Waschbären an der Winterfütterung in Nebraska (SHARP und SHARP) zu Beginn der Ranzzeit beobachtet werden.

JOHNSON hat darauf hingewiesen, daß auch in freier Natur einige, wenn auch lose Formen innerartlicher sozialer Beziehungen zwischen Waschbären vorhanden sind, die man allerdings noch nicht vollständig erforscht hat. So treten gelegentlich Paarbildungen einjähriger Waschbären des gleichen Wurfes, aber auch lockere Gruppenbildungen nicht verwandter Tiere in bevorzugten Nahrungsgebieten auf. Vor allem aber im Zusammenhang mit der Winterruhe kommt es zu Gruppenbildungen. Die gemeinsame Winterruhe der Mutterfamilie wurde bereits erwähnt. Es scheinen sich verschiedentlich aber auch Junge eines früheren Jahrgangs der Mutterfamilie bei der Winterruhe anzuschließen. Ob es sich dabei tatsächlich immer um verwandte Tiere handelt, kann kaum festgestellt werden. Werden mehrere männliche Tiere unterschiedlichen Alters gemeinsam an einem Überwinterungsplatz angetroffen, bestehen zwischen ihnen wahrscheinlich keine verwandtschaftlichen Beziehungen.

Eine soziale Dominanz bestimmter Waschbärgruppen über andere wurde in freier Wildbahn vor allem an Winterfütterungen beobachtet (WILSON 1975). SHARP und SHARP beobachteten an der Winterfütterung in Nebraska, daß 75 bis 80 % der Waschbären in Gruppen von zwei oder mehreren Tieren an der Fütterung fraßen. Familiengruppen tolerierten sich untereinander und wurden nicht von einzelnen Tieren herausgefordert. Innerhalb der Familiengruppen wurden die jungen Tiere von den Muttertieren dominiert und geschützt. Erschienen sie einzeln an der Fütterung, wurden sie gewöhnlich vertrieben. Auch konnten sich einzelne ausgewachsene Tiere dem Futter nur nähern, wenn keine Familiengruppen oder Gruppen ausgewachsener Tiere anwesend waren.

Das hierarchische Verhalten innerhalb der Waschbärgruppe wurde bisher nur an Gattertieren untersucht (JOHNSON; LÖHMER 1973). Werden Wildfänge in einem Käfig zusammengebracht, entwickeln sie schon nach wenigen Tagen eine bestimmte soziale Über-Unterordnung. Weibliche Tiere zeigen während der Zeit des Nährens eine Dominanz über die Väter der Jungen, wenn sie mit diesen gemeinsam in einem Käfig gehalten werden.

III. ZUR POPULATIONSDYNAMIK DES WASCHBÄREN

Unter Populationsdynamik versteht man die zahlenmäßige und räumliche Entwicklung einer bestimmten Population. Aussagen über die Populationsdynamik eines bestimmten Waschbärenbestandes setzen Kenntnisse über die Zahl der Tiere in dem Gebiet und die normale

Veränderung dieser Zahl in einem bestimmten Zeitraum voraus. Dafür sind Untersuchungen und Beobachtungen in sehr verschiedenen Lebensräumen notwendig. Aussagen über die zukünftige Entwicklung einer Waschbärenpopulation sind auf Annahmen und Fortschreibungen von Entwicklungen angewiesen. Dabei müssen außergewöhnliche Faktoren, wie z. B. seuchenartig auftretende Krankheiten oder extrem kalte und lange Winter, unberücksichtigt bleiben.

Da grundlegende Untersuchungen über die Populationsdynamik des Waschbären noch fehlen, werden die Grunddaten im folgenden vor allem aus den Untersuchungen über das Wohngebiet, die Populationsdichte und die Wanderung einzelner Tiere gewonnen. Als begrenzende Faktoren werden die natürliche Sterblichkeit und Krankheiten und als ein besonders wichtiger Faktor die Kontrolle des Waschbärenbestandes durch Jagd und Bewirtschaftung angenommen. Damit soll natürlich nicht gesagt werden, daß nicht auch andere Faktoren aus der Biologie des Waschbären, wie die Anpassung an den Lebensraum und die Nahrungsgewohnheiten einen beträchtlichen Einfluß auf die Entwicklung einer Waschbärenpopulation haben können. Aussagen über die Populationsdynamik schließen notgedrungen Vereinfachungen eines recht komplizierten, auf zahlreichen Variablen beruhenden Prozesses ein.

12. Wohngebiet

Bei einigen Raubtieren läßt sich ein ausgeprägtes „Territorial-" oder „Revierverhalten" beobachten, das heißt, ein einzelnes Tier beansprucht ein bestimmtes Gebiet, das es meistens für Artgenossen deutlich gekennzeichnet hat, ausschließlich für sich und verteidigt es gegen gleichgeschlechtliche erwachsene Artgenossen oder artgleiche Konkurrenten (IMMELMANN). Beim Waschbären tritt in freier Wildbahn ein entsprechendes Verhalten nicht auf (anderer Ansicht ist LÖHMER (1973), der annimmt, daß Waschbären während der Ranz und Jungenaufzucht ein Revier besitzen), wie auch schon oben an den Ausführungen zur innerspezifischen Toleranz deutlich geworden sein dürfte. Wenn hier doch von einem „Wohngebiet" (home range) des Waschbären gesprochen wird, ist damit das Gebiet gemeint, in welchem sich das einzelne Tier normalerweise zur Futtersuche, Tagesruhe, Ranz und Jungenaufzucht aufhält. TURKOWSKI und MECH sprechen in diesem Zusammenhang genauer vom „Aktivitätsraum“ (activity range) als den Orten, an denen ein Tier sich in einer bestimmten Zeitspanne aufhält.

Die Grundvoraussetzung dafür, daß man beim Waschbären überhaupt von einem Wohngebiet sprechen kann, besteht in dem Verhalten der ausgewachsenen Tiere, ihre Aktivitäten im Laufe ihres Lebens auf ein allerdings in gewissem Maße veränderliches Gebiet zu beschränken. Innerhalb dieses Wohngebietes wechseln die Tiere ständig ihren Standort, indem sie gewöhnlich täglich andere Ruheplätze und mit dem sich im Jahresverlauf verändernden Nahrungsangebot immer wieder neue Nahrungsgebiete aufsuchen. Davon ausgenommen sind natürlich die Zeiten der Winterruhe und der Jungenaufzucht, in welchen die Waschbären in der Nähe eines bestimmten Unterschlupfes verbleiben.

Somit läßt sich als Wohngebiet des Waschbären also ganz generell dasjenige Gebiet beschreiben, in dem sich der Waschbär normalerweise in der freien Natur aufhält. Diese weite Umschreibung wurde vielfach als unbefriedigend empfunden, und es sind hierzu vor allem in den Vereinigten Staaten bis in die neueste Zeit sehr umfang- und materialreiche Einzeluntersuchungen vorgenommen worden. Die Grundzüge der gewonnenen Untersuchungsergebnisse sollen hier aufgezeigt werden, um auf diesem Wege die bestimmenden Faktoren des Wohngebietsverhaltens von Waschbären deutlich zu machen.

In den 40er und 50er Jahren bestand die übliche Methode der Wohngebietsuntersuchungen darin, gefangene Tiere durch Ohrmarken oder ähnliches zu kennzeichnen und ihr Verhalten nach dem Freilassen durch die Kontrolle bekannter Tagesruhestätten und erneutes Fangen zu untersuchen. Eine heute unter Gesichtspunkten der Tierquälerei kaum mehr zu rechtfertigende Variante dieser Untersuchungsmethode bestand darin, gefangenen Tieren einzelne Zehen zu amputieren, um sie nach der Freilassung an ihren Spuren auf geharkten Bodenstreifen oder feuchten Bachufern wiedererkennen zu können. Mit Hilfe statistischer Verfahren berechnete man auf diesem Wege die wahrscheinlichen Wohngebiete einzelner Tiere, ohne dabei Einzelheiten über das wirkliche Verhalten der Tiere aussagen zu können. So war es z. B. kaum möglich festzustellen, ob einzelne Teile des Wohngebietes auf den nächtlichen Streifzügen der Tiere selten oder überhaupt nicht aufgesucht wurden.

Demgegenüber brachte seit Beginn der 60er Jahre die Entwicklung kleiner dauerhafter Sender, welche den in einer Falle gefangenen Versuchstieren vor der Freilassung mit Hilfe eines Halsbandes umgelegt wurden, einen erheblichen Fortschritt für die biologische Feldforschung. Mit diesen Sendern, die wegen ihres geringen Gewichtes die Aktivität der Tiere nicht beeinträchtigen, konnte das Wohngebiet einzelner Waschbären ziemlich genau studiert werden. Die mit Hilfe der Telemetrie teilweise in Kombination mit Beobachtungen und systematischem Fallenstellen gefundenen Ergebnisse über die Wohngebietsgröße in unterschiedlichen Habitaten sind in Tabelle 3 zusammengefaßt worden.

Schon vor dem Einsatz der Telemetrie hatte man gewisse Regelmäßigkeiten hinsichtlich des Wohngebietes von Waschbären erkannt, indem man nämlich feststellte, daß ausgewachsene männliche Waschbären gewöhnlich ein größeres Wohngebiet haben als weibliche und junge Tiere. Aus diesem durch telemetrische Untersuchungen bestätigten Ergebnis ist zu folgern, daß ausgewachsene männliche Tiere im Durchschnitt offenbar aktiver sind als andere Artgenossen. Dies gilt nicht nur während der Ranz, in der einzelne Tiere auf der Suche nach paarungsbereiten weiblichen Tieren teilweise erhebliche Strecken zurücklegen und auch einige Tage außerhalb ihres gewöhnlichen Wohngebietes in der Nähe einzelner weiblicher Tiere bleiben.

Im übrigen lassen sich kaum allgemeingültige Aussagen über die Größe und Form von Wohngebieten der Waschbären machen, da diese direkt von dem örtlich vorhandenen Nahrungsangebot, sowie von dem

Tabelle 3: **Untersuchungen über die Wohngebietsgröße der Waschbären in den Vereinigten Staaten** (verändert und ergänzt nach LOTZE)

Staat	Habitat	Methode	Geschlecht[1]) u. Anzahl d. Tiere	Anzahl d. Messungen pro Tier	Dauer d. Untersuchung pro Tier in Tagen	Wohngebietsgröße in ha[2])	Quelle
Illinois	Parkanlage mit Fluß- und Waldgebiet	Telemetrie	Ma 1 Wa 3 Mj 2 Wj 1	alle 15 Min. bis 2 Std.	1–10 Tage während 1–18 Tagen	42,9 13,9–41,0 10,9–77,3 54,6	ELLIS
Michigan	–	Telemetrie	Ma 5 Wa 6	233–563 10–580	48–106 11–101	x = 55,2 41,4–64,8	FISHER, zit. nach LOTZE
Norddakota	Prärie-Farmland	Telemetrie	Ma 9 Me 11 Wa 7 We 8	x = 210 x = 109 x = 182 x = 172	bis zu 122	x = 2560 (670–4946) x = 1139 (227–2160) x = 806 (229–1632) x = 656 (222–1263)	FRITZELL 1978
Ohio	Vorstadtwohngebiet (davon ca. 36 % Wälder und Felder)	Fänge	Ma 6 Mj 9 Me 6 Wa 10 Wj 10 We 5	wenigstens drei	bis zu 772	x = 15,8 x = 52,3 x = 2,8 x = 11,7 x = 5,1 x = 40,5 x = 3,8 x = 14,6 x = 2,3 x = 10,0 x = 4,6 x = 30,2	HOFFMANN und GOTTSCHANG
		Telemetrie	Wj 1 ?? 4	unbekannt	x = 13,2 (im Einzelfall bis zu 192)	x = 10,5 an 1 Tag unbekannt	
Alabama	Sumpfgebiet	Telemetrie	Ma 1 Mj 1 Wj 1	wenigst. 31 43 wenigst. 14	120 83 30	99,2 49,4 46,1	JOHNSON
Minnesota	Waldgebiete, landwirtschaftl. genutzte Flächen und Niederungen	Telemetrie	Ma 1 Wa 1 ?j 5	24-53 Tagesruheplätze	10–47	25,9–206	MECH, TESTER und WARNER
Minnesota	„	Telemetrie	Wa 4 Mj 1	bis zu 9600 bis zu 1440	40–200 30	120–350 200	SCHNEIDER, MECH und TESTER 1971

Minnesota	Waldgebiete, landwirtschaftl. genutzte Flächen und Niederungen	Telemetrie	Ma Wa	2 5	unbekannt	unbekannt	422,1–476 153,0–356	SCHNELL
Minnesota	vorwiegend Zedern- u. Erlenmoor, 1 See, Eichenwald u. landwirtschaftl. genutzte Flächen	Telemetrie	Mj	1	2065	135	246,1	TURKOWSKI und MECH
Minnesota	Wald- u. Marschgebiet mit landwirtschaftl. genutzten Flächen	Telemetrie	Wa Mj	1 3	alle 15 Min. über 9 Tage (insgesamt 1800 Orten)	x = 9,0	63,9–95,5	SUNQUIST
Minnesota	Moor, Wald u. landwirtschaftl. genutzte Flächen	Telemetrie	Ma (blind) Ma (normal)	1 1	minimal 1x je 5 Min.	zwei 7 Tage-Perioden	2068 775	SUNQUIST, MONTGOMERY und STORM
Minnesota	–		Ma	1	37–521	1–35	517	TESTER und SINIFF, nach LOTZE
Ohio	vorwiegend Marschgebiet u. Seen	Telemetrie	Ma Mj Wj	3 4 2	84–105 15–124 74–97	16–58 12=66 26–42	x = 88,2 x = 18,2	URBAN
Kansas	Laubwald u. Wiesen	Telemetrie	?a ?j	4 3	4–14 je 29	bis zu 548 je 123	5,3–34,0 je 110	SHIRER und FITCH
Michigan	feuchte, häufig überflutete Flußniederung mit angrenzendem Wald	Fänge u. Spuren	Ma Wa Mj Wj	19 17 27 24	x = 7 (3-36) x = 7,1 (3-19) x = 3,4 (2-10) x = 4,6 (2-18)	bis zu 1095	x = 203 (18,2–814,3) x = 108,5 (5,3–376,4) x = 108,5 (2,0–719,1) x = 44,9 (2,0–323,0)	STUEWER 1943 a
Georgia	Inselhabitat: Tidengebiete, Wiesen, Wald	Fänge Telemetrie	Ma Wa Ma Wa	35 14 7 2	wenigst. 5 x = 1,8 ± 0,34 pro Tag	3jährige Untersuchung unterschiedl. Länge innerhalb von 2 J.	x = 51 ± 68 x = 6 ± 10 x = 65 ± 18 x = 39 ± 16	LOTZE

[1]) M – männlich, W – weiblich; a – adult, j – juvenil, e – einjährig.
[2]) Entweder tatsächliche Größe oder Minimal-Maximalgröße oder Mittelwert (x).

Angebot an geschützten Tagesruheplätzen abhängen. FRITZELL stellte 1978 in Norddakota fest, daß in einem landwirtschaftlich genutzten Präriegebiet, wo die Gelege zahlreicher Wildenten an weit verstreuten Teichen zeitweilig ein bevorzugtes Nahrungsangebot für Waschbären darstellten, die durchschnittliche Größe des Wohngebietes etwa 10 mal so groß war wie in anderen Lebensräumen. Andererseits berichten HOFFMANN und GOTTSCHANG z. B. von einem Waschbärvorkommen in einem Vorstadtgebiet mit hohem Nahrungsangebot (Mülltonnen, Abfallplätzen) in Ohio, daß die Wohngebiete eine längliche Form hatten und sich zwischen den sicheren Ruheplätzen in einem Parkgelände und den Futterstellen erstreckten. JOHNSON nimmt aufgrund seiner Beobachtungen in Alabama an, daß die einzelnen Tiere kleine, sich verändernde Schwerpunktgebiete der Aktivität haben, die jedoch in einem ihnen bekannten, insgesamt viel größeren Gebiet liegen. Dies läßt sich leicht mit einem sich wandelnden Nahrungsangebot (Mais, reifes Obst, vermehrtes Auftreten von Heuschrecken oder Flußkrebsen) erklären und stimmt auch mit Beobachtungen aus anderen Gebieten überein, wo z. B. ein Maisfeld im Wohngebiet aller beobachteten Waschbären lag. WHITNEY und UNDERWOOD (1952 a) stellten fest, daß Waschbären in unmittelbarer Nähe dieser reichlichen Nahrungsquelle für einige Zeit verblieben. Auch in dieses Bild paßt die Beobachtung, daß junge Tiere im ersten Lebensjahr gewöhnlich ein kleineres Wohngebiet haben, welches sich erst in späteren Jahren vergrößert. Auch an die Beobachtungen erfahrener Waschbärjäger (WHITNEY und UNDERWOOD 1952 b), daß alte Waschbären ihren Fluchtweg in einen gelegentlich weit entfernten sicheren Unterschlupf genau kennen, wenn sie bei der Nahrungssuche von Menschen und Hunden gestört werden, sei hier erinnert.

Neben den jeweiligen Umständen des Nahrungsangebots scheint also auch die Erfahrung des sehr lernfähigen und intelligenten Tieres einen gewissen Einfluß auf die Größe des Wohngebietes zu haben. Die Frage, ob die Populationsdichte der Waschbären in einem Gebiet einen selbständigen, die Wohngebietsgröße bestimmenden Faktor bildet, wie ELLIS es an einer Waschbärpopulation in Illinois beobachtet haben will (ähnlich SANDERSON 1966; dagegen LOTZE), oder ob die Populationsdichte selbst nicht nur eine Funktion des vorhandenen Nahrungsangebotes ist, kann hier nicht beantwortet werden. Sicher scheint jedenfalls zu sein, daß selbst wenn das jeweilige Wohngebiet durch eine Anzahl verschiedener Faktoren bestimmt wird, das Nahrungsangebot dabei eine hervorragende Rolle spielt.

Das wechselnde Nahrungsangebot scheint auch einen Einfluß darauf zu haben, daß sich das Wohngebiet oftmals nicht nur im Verlaufe der Jahreszeiten, sondern auch von Jahr zu Jahr geringfügig verändert, wie neuere längerfristige Wohngebietsuntersuchungen in Georgia gezeigt haben (LOTZE). Dabei verlagerte sich das Wohngebiet eines Versuchstieres im Laufe von 4 Jahren von der Küste zur Mitte der von ihm bewohnten Insel und veränderte seine ursprünglich langgestreckte Form zu einem annähernd runden Vieleck.

Zum Abschluß dieser Zusammenfassung über das Wohngebiet des Waschbären schließt sich der Kreis durch einen Rückgriff auf das eingangs festgestellte Fehlen eines echten Territorialverhaltens des Waschbären. In zahlreichen Untersuchungen wurde festgestellt, daß die Wohngebiete einzelner Waschbären sich gegenseitig teilweise oder sogar vollständig überlappen.

13. Populationsdichte, Geschlechtsverhältnis, Altersaufbau und Abwanderung

a) Die Bestimmung der Populationsdichte nachtaktiver Tiere ist recht schwierig. Sie kommt aufgrund von Schätzungen zustande, die natürlich nur Durchschnittswerte bilden und mit Hilfe von Fangergebnissen oder Abschüssen ermittelt werden. Zur Berechnung der Waschbärdichte in einem bestimmten Gebiet sind die SCHUMACHER-ESCHMEYER-Formel (SCHUMACHER und ESCHMEYER), die HAYNE-Methode und der LINCOLN-Index (HAYNE) entwickelt worden, auf die hier nicht näher eingegangen werden soll. Es gibt wohl nur wenige Schätzungen, die die Populationsdichte in einem Waschbärhabitat annähernd genau bestimmen.

Tabelle 4: **Die Populationsdichte von Waschbären in den Vereinigten Staaten von Amerika**

Staat	Habitat	Waschbär pro Fläche (ha)	Quelle
Norddakota	Prärie-Farmland	0,5–1 : 100 (Frühjahr)	FRITZELL 1978
Wisconsin	Marsch	1 : 44,63	DORNEY 1954
Iowa	Marsch	1 : 25,9	CABALKA, COSTA und HENDRICKSON
Ohio	vorwiegend Marsch und Seen	1 : 5,72	URBAN
New York	Niederung	1 : 12,45	VANDRUFF
Alabama	Flußniederung (Wälder, ein Salzsee und -quellen, Wiesen und ein Maisfeld)	1 : 8,09	JOHNSON
Illinois	Flußniederung	1 : 4,89	YEAGER und RENNELS
Michigan	feuchte, häufig überflutete Flußniederung mit angrenzendem Wald	1 : 2,96	STUEWER 1943 a
Alabama	Sumpfgebiet	1 : 2,02	JOHNSON
Virginia	Waldgebiet, landwirtschaftlich genutzte Flächen und Grasland	1 : 2,19	SONENSHINE und WINSLOW
Ohio	Bergland	1 : 4,73	BUTTERFIELD 1944
Ohio	Vorstadtwohngebiet	1 : 1,46	HOFFMANN und GOTTSCHANG
Ohio	Vorstadtwohngebiet	1 : 1,02	SCHINNER, zit. nach HOFFMANN und GOTTSCHANG

Die zahlreichen amerikanischen Untersuchungen zur Populationsdichte von Waschbären (s. Tabelle 4) wurden vorwiegend in von Menschen verhältnismäßig dünn besiedelten Verbreitungsgebieten des Tieres in Nordamerika durchgeführt. Nur zwei Untersuchungen beschäftigten sich mit Waschbärvorkommen in einem Vorstadtgebiet (HOFFMANN und GOTTSCHANG). Die Ergebnisse dieser Untersuchungen hängen im wesentlichen von der Qualität des Lebensraums, dem Nahrungsangebot, dem Geburtenzuwachs, der natürlichen Sterblichkeit, den potentiellen Feinden und dem Grad der Bejagung und des Fallenstellens ab.

Wie zu erwarten ist, variieren die Ergebnisse sehr stark. Eine Waschbärdichte von 1 Tier auf 4 ha wird als normal angesehen (WALKER). Es werden aber auch erheblich niedrigere Werte angegeben. Der niedrigste Wert wurde im Frühjahr in einem Marschgebiet in Wisconsin geschätzt, wo 1 Waschbär auf 44,63 ha lebte. Im zentralen Iowa in einem Marschhabitat sowie im Staate New York in einem Feuchtgebiet mit vielen Wasservögeln betrug die Dichte 1 Waschbär auf 26 ha bzw. auf 12,5 ha. Mittlere Werte finden wir in verschiedenen Habitaten in Michigan, Illinois, Ohio und Alabama. In diesen Untersuchungsgebieten lag die Populationsdichte bei 1 Waschbär auf 2,96 bis 8,09 ha (s. Tabelle 4). Recht hoch lagen die Werte in einem Sumpfgebiet in Alabama (1 Waschbär auf 2,02 ha) sowie in einem als durchschnittlich bezeichneten Habitat mit Waldgebieten und landwirtschaftlich genutzten Flächen in Virginia (1 Waschbär auf 2,19 ha). Ungewöhnlich hoch war die Populationsdichte in zwei unterschiedlichen Vorstadthabitaten in der Nähe von Cincinnati in Ohio. Hier lebte 1 Waschbär auf einer Fläche von 1,5 ha bzw. 1,02 ha (HOFFMANN und GOTTSCHANG). Einmalig sind wohl die Fangergebnisse in einem als hervorragend bezeichneten Habitat von 41,28 ha Größe in Missouri. Hier wurde 10 Jahre lang bis zum Zeitpunkt dieser Untersuchung keine Jagd auf Waschbären ausgeübt. Nach dieser langen Zeit der Schonung wurden schließlich 100 Waschbären gefangen (1 Waschbär auf 0,4 ha).

b) Das G e s c h l e c h t s v e r h ä l t n i s wurde in verschiedenen amerikanischen Waschbärpopulationen auf unterschiedliche Weise ermittelt. Die Ergebnisse beruhen im wesentlichen auf Fängen in unterschiedlichen Fallen sowie auf Jagdergebnissen mit Hund und Gewehr. Diese verschiedenen Jagdarten führen sicherlich auch zu unterschiedlichen Ergebnissen. So konnte festgestellt werden, daß bei einer Waschbärenjagd mit dem Hund weniger männliche Tiere erbeutet wurden als mit Hilfe von Fallen (JOHNSON). Männliche Tiere können sich besser dem Hund entziehen als weibliche, da letztere in der Regel von ihren Jungen begleitet werden. Auch können Familiengruppen von Hunden leichter aufgespürt werden. Weiterhin wurde bei der Jagd mit Hunden ein höherer Anteil junger Tiere erbeutet als vergleichsweise mit der Kastenfalle. Junge Tiere sind wahrscheinlich wesentlich einfacher durch Hunde zu stellen als erfahrene alte Tiere.

Im allgemeinen kann man bei Waschbärpopulationen von einem nahezu ausgewogenen Geschlechtsverhältnis von 1 : 1 ausgehen (STUEWER 1943 a, 1943 b; WOOD 1955; SANDERSON und NALBANDOV). Dieses Geschlechtsverhältnis gilt im allgemeinen auch für Embryos und junge Tiere bis zu einem Jahr. Manchmal ist allerdings eine auffällige Verschiebung der Geschlechtsverhältnisse zu beobachten. In einigen amerikanischen Gebieten zeigte sich eine Verschiebung zugunsten der männlichen Tiere. In anderen Gebieten traten weibliche Tiere gegenüber den männlichen zahlenmäßig stärker in Erscheinung. Diese Erscheinung ist schwierig zu erklären, sie kann unterschiedliche Gründe haben. So läßt sich das Überwiegen der männlichen Tiere in Alabama nach JOHNSON für die Monate Februar und März wahrscheinlich auf die größere Aktivität männlicher Tiere während der Ranzzeit zurückführen. Für das starke Überwiegen der männlichen Tiere im Mai und Juni wird die Herabsetzung der Aktivität von trächtigen und laktierenden weiblichen Tieren angenommen. Da männliche Waschbären größere Wohngebiete haben und anscheinend aktiver sind als weibliche Tiere, werden sie auch öfter gefangen (JOHNSON).

Wenn männliche Tiere öfter gefangen würden als weibliche, wäre der Mortalitätsfaktor für männliche Tiere wesentlich höher. In diesem Fall würde das wahre Geschlechtsverhältnis die weiblichen Tiere begünstigen, wenn nicht eine natürliche geschlechtsselektive Sterblichkeit vorläge. Wenn der Überhang an männlichen Tieren in Alabama die tatsächlichen Populationsverhältnisse widerspiegelt, so herrscht zweifellos eine starke natürliche Mortalität der weiblichen Tiere nach der sexuellen Reife (JOHNSON).

Anhand der Geschlechtszusammensetzung erbeuteter Waschbären kann man einen Populationstrend erkennen. Nimmt der Anteil weiblicher Tiere in einem Vorkommen ab, so ist allgemein eine rückläufige Entwicklung der Waschbärpopulation zu erwarten. Umgekehrt konnte beobachtet werden, daß mit dem Ansteigen der Zahlen erbeuteter Waschbären auch die Anzahl der weiblichen Tiere zugenommen hat. Diese Veränderung in der Geschlechtszusammensetzung ist wahrscheinlich der entscheidende Grund für die Zunahme der Waschbären von 1943 bis 1948 in Missouri und anderen nordamerikanischen Staaten (SANDERSON 1951 a, 1951 b). Die Ursache für eine Veränderung der Geschlechtsverhältnisse ist allerdings ungeklärt.

c) Der Altersaufbau einer Waschbärpopulation zeigt wahrscheinlich einen weiteren Populationstrend an. Ein großer Anteil junger Waschbären weist auf das Anwachsen einer Population hin. Die Zunahme junger Waschbären in einem Vorkommen kann durch mehrere Faktoren verursacht werden: einen höheren Anteil weiblicher Tiere in der Population, höhere Durchschnittswerte der Wurfgrößen, eine Abnahme der Jugendsterblichkeit und ein Anwachsen des Anteils weiblicher Tiere, die im ersten Jahr werfen. Mit dem Anwachsen einer Waschbärpopulation in Missouri änderte sich die Geschlechts- und Alterszusammensetzung insofern, als mehr weibliche und junge Tiere erbeutet wurden (SANDERSON 1951 a). Umgekehrt kommt durch die Abnahme des Anteils junger Tiere in einem Waschbärenbestand sicherlich ein gegenläufiger Trend zum Ausdruck.

d) Schließlich bildet die regelmäßige Abwanderung junger Waschbären einen interessanten und wichtigen Aspekt der Entwicklung eines Bestandes in einem bestimmten Gebiet. Während ausgewachsene Tiere häufig jahrelang in ihren einmal eingenommenen, sich nicht sehr verändernden Wohngebieten leben, verlassen einige Jungtiere schon im Herbst, andere erst nach Ablauf des Winters das Wohngebiet des Muttertiers. Der Zeitpunkt der Auflösung der Mutterfamilien und das Einsetzen der Jährlingswanderung ist sicherlich auch vom Klima abhängig. FRITZELL (1978) berichtet aus Norddakota, daß Jährlinge, die im April und Mai gefangen wurden und nach der Kennzeichnung wieder freigelassen wurden, während der folgenden 6 bis 8 Wochen aus dem Kontrollgebiet verschwanden, während im Juni und Juli gefangene Tiere sich dort auch noch im folgenden Jahr aufhielten. Die Ursachen und typischen Umstände dieser Abwanderung junger Waschbären sind noch nicht hinreichend erforscht. Es zeichnen sich aber auch hier schon einige allgemeine Feststellungen ab. So führt die Jugendabwanderung einerseits sicherlich zur Stabilisierung eines Waschbärbestandes in einem bestimmten Gebiet, andererseits bewirkt sie eine großräumige Ausbreitung der Tiere und ein Eindringen in Gebiete, in denen vorher keine Waschbären auftraten. Es wird mehrfach berichtet, daß männliche Tiere bei dieser Abwanderung aktiver sind als weibliche und dementsprechend größere Strecken zurücklegen, um sich ein eigenes Wohngebiet zu suchen. STUEWER (1943 a) stellte fest, daß bei neun männlichen Jährlingen die durchschnittliche Entfernung vom Wohngebiet des Muttertieres 18,9 km betrug, während sie bei 5 weiblichen Tieren nur bei durchschnittlich 13,3 km lag. Außergewöhnliche Entfernungen wurden von zwei gekennzeichneten männlichen Jungtieren berichtet, von denen einer vom südlichen Manitoba (Kanada) innerhalb von 164 Tagen bereits 254,4 km in Richtung Norden zurückgelegt hatte (LYNCH 1967), während der andere drei Jahre nach seiner Kennzeichnung in Michigan 265,7 km von dem Ursprungsort entfernt in Manitoba gefangen wurde (PRIEWERT).

14. Begrenzende Faktoren

Erhaltung und Ausbreitung einer Waschbärpopulation hängen zum einen wesentlich von der Größe der Würfe ab (s. S. 50). Andererseits bilden die natürliche Sterblichkeit, natürliche Feinde und Krankheiten, aber auch die Bejagung seitens des Menschen Faktoren, welche die Entwicklung eines Bestandes beeinflussen. Normalerweise treten diese Faktoren zusammen auf, wobei ihre Intensität von Gebiet zu Gebiet variiert, so daß über ihre Auswirkungen auf eine Population nur sehr allgemeine Aussagen gemacht werden können. Generell kann festgestellt werden, daß sich die begrenzenden Faktoren statistisch stärker auf den Anteil der jungen Tiere in einer Population auswirken. So wurde in Minnesota eine Sterblichkeitsrate der Jungtiere von 35 % errechnet (MECH und TURKOWSKI) und von Populationen berichtet, wo infolge von Nahrungsmangel und Parasitenbefall nur 2 von 7 Würfen (MECH, BARNES und TESTER) und in einer anderen Untersuchung 2 von 5 Würfen bis zum Winter überlebten (SCHNEIDER, MECH und TESTER 1966). Auch aus den klimatisch begünstigten Südstaaten der USA (Maryland, Kansas und Südkarolina) wurde von großen Verlusten junger Waschbären berichtet (JOHNSON).

a) Natürliche Sterblichkeit

Die höhere natürliche Mortalität des Waschbären in den nördlichen Teilen seines Verbreitungsgebietes wird im wesentlichen durch die langen und harten Winter verursacht. Dabei bildet die Dauer der normalen Frostperiode und der damit verbundenen nahrungsarmen Zeit im Norden ebenso wie im Hochgebirge eine natürliche Grenze für die Ausbreitung des Tieres, das nur eine begrenzte Zeit von seinen im Herbst angelagerten Fettreserven überleben kann. Daneben führen einzelne, außergewöhnlich lange und harte Frostperioden aber auch in solchen Klimazonen, die normalerweise zum Lebensgebiet des Waschbären gehören, gelegentlich zu einer hohen Sterblichkeit, die in erster Linie junge Tiere trifft und bei einem Mangel an geschützten Winterruheplätzen besonders stark auftritt. So wird aus dem Staate Manitoba im Süden Kanadas ein Fall einer Jugendsterblichkeit durch Witterungseinflüsse von schätzungsweise 60 % berichtet (COWAN). Die Mortalität der gesamten Population betrug dort 50 %. Im Nachbarstaat Ontario wird das Fehlen von hohlen Bäumen als Winterruheplätze als begrenzender Faktor der dortigen Waschbärpopulation genannt (SIMKIN).

b) Natürliche Feinde

Ausgewachsene Waschbären haben nahezu keine natürlichen Feinde unter den anderen Tieren ihres Verbreitungsgebietes. Dementsprechend findet man, abgesehen von einigen Untersuchungen über den Rotluchs *(Lynx rufus)*, in der amerikanischen Literatur wenig Hinweise über natürliche Feinde adulter Tiere. Allerdings haben Magen- und Darmuntersuchungen ergeben, daß der Rotluchs im Sommer und Winter Waschbären jagt und somit als der wichtigste natürliche Feind aller Waschbären anzusehen ist (PROGULSKE). Dementsprechend kommen Waschbären in Gebieten, in denen der Rotluchs häufig auftritt, seltener vor (WHITNEY und UNDERWOOD 1952 a). Als weitere natürliche Feinde des ausgewachsenen Waschbären nennt POGLAYEN-NEUWALL den Puma *(Puma concolor)*, der in Nordamerika gelegentlich noch in einigen Teilen der Rocky Mountains und einzelnen Waldgebieten des Nordens lebt, sowie den Jaguar *(Panthera onca)*, welcher an den südlichsten Rändern des Verbreitungsgebietes des Waschbären (Südwesten von USA und Mittelamerika) auftreten kann.

Junge Waschbären haben hingegen eine größere Anzahl natürlicher Feinde. In der Literatur werden Alligator und größere Eulen, insbesondere der Uhu genannt, aber auch der Adler, außerdem gewisse Wieselarten, Fischermarder *(Martes pennanti)*, Baummarder *(Martes martes)*, Vielfraß *(Gulo gulo)* und Ozelot *(Leopardus pardalis)* sowie Rotfuchs *(Vulpes fulva)* und gelegentlich Schlangen. Vor allem junge Waschbären werden auch von streunenden Hunden gerissen. Ob Wölfe und Kojoten Waschbären fressen, ist ungewiß. Untersuchungen in Neumexiko ergaben allerdings eine bestimmte Beziehung zwischen Kojoten *(Canis latrans)* einerseits und Waschbären *(Procyon lotor)* und Stinktieren *(Mephitis mephitis)* andererseits. Wenn diese drei in einem Gebiet nebeneinander vorkamen und die Anzahl der Kojoten hoch war, war die Waschbär- und Stinktierdichte gering und umgekehrt (LINHART und ROBINSON). Eine ähnliche Tendenz konnte ROBINSON in Colorado und Neumexiko feststellen. Amerikanische Jäger sehen im Opossum *(Didelphis marsupialis)* einen Feind junger oder sogar ausgewachsener Waschbären. Obwohl beide nachtaktiv und omnivor sind, den gleichen

Lebensraum bevorzugen und keine Nester bauen, konnten Untersuchungen in Michigan diese Auffassung nicht bestätigen (STUEWER 1943 a). Auch konnten keine kämpferischen Auseinandersetzungen der beiden Tierarten beobachtet werden.

In seinem neuen Verbreitungsgebiet hat der Waschbär im Kaukasus Wolf, Luchs, Uhu und streunende Hunde als natürliche Feinde (ALIEV und SANDERSON). In Mitteleuropa und insbesondere der Bundesrepublik fehlen hingegen natürliche Feinde weitgehend. Die Wiedereinbürgerungsversuche des Uhus in Hessen und in der Eifel könnten einen möglichen Feind schaffen. Die Experimente von KAMPMANN (DRÖSCHER 1978) haben die amerikanischen Erkenntnisse insofern bestätigt, daß der Uhu jedenfalls kein Feind des ausgewachsenen Waschbären ist. Wiedereinbürgerungsversuche des in Deutschland ehemals heimischen Luchses könnten einen weiteren Feind des Waschbären schaffen. Aber auch der Fuchs könnte junge Waschbären gefährden (KNÜPPEL).

Insgesamt zeigt dieser Überblick, daß diesen natürlichen Feinden offenbar nur eine geringe und örtlich begrenzte Rolle bei der Dezimierung eines Waschbärbestandes zukommt. Dies gilt für das ursprüngliche Verbreitungsgebiet des Waschbären in Nordamerika, wo die natürlichen Feinde wie Rotluchs, Puma, Uhu, Kojote, Adler, Alligator und verschiedene Schlangenarten ein oftmals viel kleineres natürliches Verbreitungsgebiet haben als der Waschbär, in der Mehrzahl in ihrem Bestand selbst stark zurückgehen (Rotluchs, Kojote) oder sogar von der Ausrottung bedroht sind (Puma, Uhu, Adler, Alligator), so daß sie auf die Populationen des Kulturfolgers Waschbär in vielen Gebieten gar keinen Einfluß haben können. Entsprechendes gilt für die Waschbärpopulationen in Europa und Asien.

c) Krankheiten und Parasiten

Der Befall einer Waschbärpopulation durch Krankheiten und Parasiten ist ein weiterer begrenzender Faktor. Allerdings wird aus den Vereinigten Staaten berichtet, daß Waschbären selten an den Auswirkungen der dort auftretenden Parasiten sterben (STUEWER 1943 a).

Die Krankheiten und Parasiten des Waschbären sind in seinem ursprünglichen Verbreitungsgebiet ausführlich untersucht worden. Etwa die Hälfte aller Publikationen über den Waschbären beziehen sich überhaupt nur auf Krankheiten und Parasiten. Neben den vielen Einzelveröffentlichungen in verschiedenen Fachzeitschriften findet man in einigen umfassenderen Arbeiten Überblicke über die in Nordamerika auftretenden Krankheiten und Parasiten des Waschbären (WHITNEY und UNDERWOOD 1952 a; McNEIL und KROGSDALE; MECH, BARNES und TESTER 1968; JOHNSON).

Von besonderer Bedeutung sind die für den Waschbären tödlich verlaufende Leptospirose, die sog. Wild- und Rinderseuche (Tularämie), die Chagas-Krankheit und die silvatische Tollwut, weil diese Krankheiten auch den Menschen und domestizierte Tiere befallen können und dort gleichermaßen gefährlich verlaufen. Dabei dürfte vor allem das Auftreten silvatischer Tollwut beim Waschbären von besonderem Interesse sein, da diese Krankheit auch in Mittel- und Osteuropa verbreitet ist (WACHENDÖRFER 1979 a). Von 1960 bis 1970 wurden in den Vereinigten Staaten 1466 Fälle von Tollwut bei Waschbären bekannt, wobei 85 % der Fälle im Südosten des Landes in den Staaten Florida und Georgia auftraten (McLEAN 1970, 1971). Eine Untersuchung, die von 1953 bis 1972 in Florida durchgeführt wurde, kam zu dem Ergebnis, daß allein 60 % aller in freier Wildbahn registrierten Tollwutfälle auf den Waschbären entfielen (BIGLER, McLEAN und TREVINO). In diesen Gebieten treten offenbar auch geschlossene Infektionszyklen auf, in denen die Chiropteren einen wichtigen Seuchenträger bilden und neben dem Waschbären auch der Fuchs und der Skunk eine besondere Bedeutung haben (WACHENDÖRFER 1979 a). Von Bedeutung für den Waschbärbestand scheint auch die Staupe zu sein (ROBINSON, NEWBERNE und BROOKS; HABERMANN, HERMAN und WILLIAMS).

In Europa sind bislang wenig Fälle von Parasiten und Krankheiten bei Waschbären bekannt geworden (GRUMMT 1973). Im Jahre 1978 wurde ein von Räude befallener Waschbär im Kreis Main-Spessart in der Bundesrepublik Deutschland erlegt (GROSSMANN 1978). Unter den

Krankheiten scheint auch hier der silvatischen Tollwut besondere Bedeutung zuzukommen, obwohl der Waschbär nach einer schriftlichen Mitteilung von Professor Dr. WACHENDÖRFER (1979 b) für die Epidemiologie der Tollwut in Mitteleuropa bislang keine Bedeutung hat. Im Zeitraum 1960 bis 1975 wurden nach der gleichen Quelle 15 Fälle amtlich registriert, wobei die meisten in Nordhessen auftraten, ohne daß es aber Hinweise auf Infektionszyklen gab. Aus der DDR wurde ein Fall von Tollwut bei Waschbären berichtet (GRUMMT 1965, 1973), ein weiterer aus Westberlin (NOWAK). In der deutschen Literatur wird allerdings mehrfach auf die Möglichkeit der Tollwutübertragung durch Waschbären hingewiesen (KNÜPPEL; RIECK; Die Pirsch — Der Deutsche Jäger 1976, Heft 14), während nach KAMPMANN (1975) der Waschbär als Tollwutüberträger ausscheiden soll, weil tollwutkranke Tiere sich in ihr Lager zurückzögen, um dort zu sterben. Zwar scheinen einzelne tollwutkranke Waschbären im Vergleich zum Fuchs ein auffällig unaggressives Verhalten zu zeigen (BIGLER, McLEAN und TREVINO), wobei es bei Annäherung an den Menschen doch zu Kratz- und Bißwunden kommen kann. Man muß wohl annehmen, daß der außerhalb der Ranzzeit solitär lebende Waschbär in Mitteleuropa nur dort als Überträger der Tollwut in Betracht kommt, wo er in zahlenmäßig größeren Populationen auftritt.

15. Jagd und Bewirtschaftung

Angesichts der relativ geringen Mortalität des Waschbären und der wenigen natürlichen Feinde dieses Tieres, die vielerorts zudem noch zahlenmäßig zurückgehen, bleibt schließlich der Mensch als wichtigster Feind des Waschbären. Wie ich selbst in den Neuenglandstaaten beobachten konnte, wird ein gewisser, örtlich sicherlich unterschiedlicher Anteil der Waschbärpopulation in den Vereinigten Staaten jährlich ein Opfer des Straßenverkehrs. Aber die weitaus stärkste Auswirkung auf einzelne Waschbärpopulationen geht sicherlich von der Jagd aus.

Bei der Bejagung des Waschbären muß man nach der generellen Zielsetzung in bezug auf den gesamten Waschbärbestand eines Landes und nach den Jagdmethoden grundsätzlich zwischen der Waschbärenjagd in Nordamerika einerseits und in Mitteleuropa und Asien andererseits unterscheiden. In den Vereinigten Staaten, wo es der Waschbär als einheimisches Tier zu einer gewissen Bedeutung in der Folklore gebracht hat, dient die Bejagung des Waschbären einer Regulierung des Bestandes, dem Erwerb von Fellen und als „Sport", niemals aber einer „Ausrottung" des Tieres, wie man es gelegentlich in der deutschen Jagdliteratur lesen kann. So stellt STUEWER (1943 a) für Michigan fest, daß in der dortigen stabilen Waschbärpopulation bei einem Vermehrungspotential von 1,5 pro adultem Tier 60 % des Herbstbestandes durch Jagd oder Fallenstellen entnommen werden muß, um den Bestand zahlenmäßig zu erhalten. Demgegenüber schrieb BOCK, man wolle den Waschbären in Deutschland zwar nicht ausrotten, „aber er muß so bejagt werden, daß m e h r als der jährliche Zuwachs erlegt wird", was schließlich doch auf eine Dezimierung der Waschbärpopulation hinauslaufen würde.

Die Waschbärenjagd wird in den Vereinigten Staaten von den einzelnen Bundesstaaten geregelt, wobei lokal auch eine vorübergehende Schonung des Waschbärbestandes angeordnet werden kann. In den nördlichen Staaten, wo dic Waschbärenjagd am intensivsten ausgeübt wird, findet die Jagdzeit gewöhnlich von Mitte Oktober bis Anfang Februar statt (in Michigan vom 1. November bis 15. Dezember), weil in dieser Zeit der Balg reif ist, die Jungtiere des letzten Wurfes sich selbst versorgen können (frühestens ab 3. Lebensmonat) und die weiblichen Tiere noch nicht wieder trächtig sind.

Das Fallenstellen, das in den nördlichen Teilen der Vereinigten Staaten und in Kanada vielfach von berufsmäßigen Trappern durchgeführt wurde, hat sich als eine recht wirksame Methode für die Kontrolle von Waschbärpopulationen erwiesen (U. S. Dept. of the Interior 1959). Als das Fallenstellen infolge des Sinkens der Preise für Waschbärfelle in den 40er und 50er Jahren wirtschaftlich nicht mehr lohnend war, wurde vielerorts in den Vereinigten Staaten und Kanada ein Ansteigen der Waschbärpopulationen beobachtet. Ob ein Ansteigen der Preise für Waschbärfelle, das sich seit wenigen Jahren in den Vereinigten

Staaten abzeichnet, wieder zu einer verstärkten Bejagung des Waschbären mit der Falle führen wird, bleibt abzuwarten. In einigen Gebieten wie z. B. in Alabama oder Michigan wurden offenbar schon seit jeher mehr Waschbären geschossen als in der Falle gefangen. Im einzelnen ist der Fang des Waschbären in Fallen aus Holz oder Draht, die an Land oder auch im flachen Wasser aufgestellt werden können, hier nicht näher zu erklären. Einzelheiten über die Beschaffenheit und Art der Fallen, sowie praktische Hinweise für das Aufstellen und Beködern derselben, sind in der Literatur beschrieben worden (BUTTERFIELD 1954; U. S. Dept. of the Interior 1959). Das Fallenstellen mit Abzugfallen, welche die Tiere nicht töten, sondern ihnen gewöhnlich nur einen Vorderfuß einklemmen (den auf diese Weise gefangene Waschbären abnagen, um sich aus der Falle zu befreien), wird in den Vereinigten Staaten mit Recht als inhuman und als Tierquälerei angesehen.

Da die Methoden der W a s c h b ä r e n j a g d mit dem Gewehr und dem Hund in Nordamerika wesentlich von unseren herkömmlichen deutschen Jagdmethoden abweichen, sollen sie hier kurz geschildert werden, obwohl auch darüber eine reichhaltige Literatur vorhanden ist (insbesondere WHITNEY und UNDERWOOD 1952 b).

In den Vereinigten Staaten wird die Waschbärenjagd heute vorwiegend als „Sport", d. h. hauptsächlich wegen des Jagderlebnisses und nicht wegen des Felles betrieben. Dies erklärt auch, warum viele Jäger den von den Hunden gestellten Waschbären wieder entkommen lassen, ohne ihn zu erbeuten. Von der geschätzten Waschbärstrecke der Jagdsaison 1966/67 wurden in Alabama über 90 % von Freizeit-Jägern geschossen. Dies macht die große Bedeutung des „Sportes" Waschbärenjagd für die Kontrolle von Waschbärpopulationen in den Vereinigten Staaten deutlich.

Obwohl die Jagd in den verschiedenen Gebieten Nordamerikas örtlich unterschiedlich ausgeübt wird, ist fast allen Methoden gemeinsam, daß es sich um eine Jagd zur Nachtzeit (gewöhnlich ab Sonnenuntergang bis Mitternacht, gelegentlich sogar bis in die Morgenstunden) handelt, die mit Hilfe besonderer Hunde (coondogs oder coonhounds) und einer künstlichen Lichtquelle durchgeführt wird. Dabei kann man im wesentlichen drei Jagdmethoden unterscheiden:

1. Die Hunde durchsuchen weiträumig ein Gebiet, während die Jäger in Hörweite an einem geeigneten Platz warten (ranging method).
2. Die Jäger durchstreifen bestimmte Gebiete zusammen mit den Hunden (walking method).
3. Die Jäger fahren mit dem Auto einzelne Straßen und Waldwege ab und lassen die Hunde vor dem Wagen im Scheinwerferlicht suchen (automobile method). Diese Methode wird allerdings vielfach als unsportlich abgelehnt.

Bei diesen Jagdmethoden kommt es natürlich vor allem auf die Qualität der besonders ausgebildeten Hunde an. Es gibt Hunde, die eine gefundene Waschbärspur laut bellend verfolgen (open trailer). Andere verfolgen die Waschbärspur stumm, bis sie das Tier an einem Baum gestellt haben (still trailer), wo sie dann unter dem aufgebaumten Waschbären Standlaut geben. Da der Waschbär kein ausdauernder Läufer ist, baumt er gewöhnlich etwa 10 bis 30 Minuten nach der Verfolgung durch den Hund auf. Alte erfahrene Waschbären setzen häufig ihre Flucht auf den Bäumen fort oder fliehen ins Wasser, wo sie fähig sind, einen einzelnen Hund zu ertränken. Deshalb jagt man in gewässerreichen Gebieten gewöhnlich mit mehreren Hunden. Die Jäger, welche den Hetz- und Standlaut ihres Hundes unterscheiden können, folgen dem Hund unter den Baum, auf dem der Waschbär sich befindet und strahlen ihn mit einer Handlampe an. Da Waschbären sehr neugierig sind, schauen sie gewöhnlich zur Lichtquelle, so daß ihre Augen das Licht reflektieren und es für die Jäger sehr einfach ist, das aufgebaumte Tier zu erlegen.

In engem Zusammenhang mit der als Sport betriebenen Bejagung des Waschbären steht die geplante B e w i r t s c h a f t u n g (management) von Waschbärpopulationen, wie sie in den Vereinigten Staaten betrieben wird. Diese besteht zum einen in der Erhaltung eines für Waschbären günstigen Habitats, indem man Feuchtgebiete und flache

Bäche in ihrem natürlichen Zustand erhält, die für den Waschbären so wichtigen alten hohlen Bäume nicht fällt und gelegentlich auch Kästen auf Bäumen als künstliche Lagerstätten für Waschbären anbringt. Zum anderen werden einzelne Populationen in bestimmten Gebieten von den Verbänden der Jäger vorübergehend von der Bejagung ausgenommen, um dadurch ein Anwachsen der Population zu erreichen. Ferner wird empfohlen, zu Beginn der Jagdsaison einzelne Waschbären lebend zu fangen, um diese nach Ende der Saison in ihrem gewohnten Lebensraum wieder auszusetzen, so daß im folgenden Jagdjahr genügend Waschbären vorhanden sind.

Im Gegensatz dazu ist eine beliebte Praxis amerikanischer Waschbärenjäger, Tiere aus einem Gebiet zur Verbesserung des Bestandes in einem anderen Gebiet auszusetzen, wegen der Gefahr der Verbreitung von Krankheiten und Parasiten gefährlich und insgesamt wohl ungeeignet. Denn ein Versuch mit 256 gekennzeichneten Tieren, die in verschiedenen Teilen von Arkansas freigelassen wurden, hat gezeigt, daß in fremden Gebieten ausgesetzte Wildfänge in kurzer Zeit recht beachtliche Strecken vom Ort ihrer Freilassung zurücklegten (GILES 1943). Einige Zeit nach dieser Freilassung wurde ein männliches Tier 4,8 km und 9 weitere männliche Tiere in Entfernungen bis zu 120,8 km vom Ort der Freilassung gefangen, während 6 weibliche Tiere in geringeren Entfernungen von 3,2 bis 26 km gefangen wurden. Einige Jahre später wurden weitere Ergebnisse zu diesem Versuch bekannt: 3 männliche Tiere hatten Entfernungen von 132, 148 und 213 km und 2 weibliche Tiere von 51 km und 209 km vom Ort der Freilassung zurückgelegt. Andere Autoren bestätigen diese Erfahrungen (STUEWER 1948). Auch in Gefangenschaft aufgezogene Tiere blieben nicht immer in der Nähe der Käfige und dem dort gereichten Futter. In Michigan entfernten sich 70 in Gefangenschaft aufgezogene Waschbären von weniger als 0,4 km bis etwa 9,7 km (STUEWER 1943 a), so daß auch bei diesem kostenaufwendigen Verfahren der Waschbärbewirtschaftung nicht von einem vorhersehbaren Erfolg gesprochen werden kann.

Im Rahmen der Waschbärbewirtschaftung hat man in den Vereinigten Staaten vor allem in Brutgebieten von Stockenten und Kanadagänsen zum Mittel der Vergiftung von Waschbären gegriffen, wenn sich der durch Waschbären an den Gelegen angerichtete Schaden als zu groß erwiesen hat und die Bejagung oder das Fallenstellen sich als zu zeitaufwendig, unwirksam oder als nicht selektiv genug erwiesen (LLEWELLYN und WEBSTER). Dabei wurden vor allem mit Strychnin gespritzte Eier verwendet. Bei einer Untersuchung mit Hühnereierködern, die mit dem ungiftigen DMCT (Demethylchlortetracyclin) präpariert waren, stellte man fest, daß 87 % der gefangenen oder gejagten Waschbären die behandelten Eier gefressen hatten (NELSON und LINDER), so daß Gifteier sehr wirksam zur Dezimierung einer Waschbärpopulation sein dürften. Allerdings wird das Vergiften von Waschbären in den Vereinigten Staaten stark abgelehnt und nur ausnahmsweise als zulässig angesehen, wenn es aufgrund der Umstände dringend geboten ist und sehr genau gesteuert werden kann.

In der Bundesrepublik ist die Einstellung der Jagdbehörden und Jäger zur Waschbärenjagd, jedenfalls noch bis vor sehr kurzer Zeit, eine völlig andere gewesen als in den Vereinigten Staaten. Nachdem der Waschbär in seinem ursprünglichen Einbürgerungsgebiet, in Hessen, in den dreißiger Jahren vorübergehend sogar unter Naturschutz gestellt worden war, wurde er nach dem Zweiten Weltkrieg als „unerwünschter" Fremdling (MÜLLER-USING 1962; KAMPMANN 1973 a; Die Pirsch — Der Deutsche Jäger 1974, Heft 8; FÖRSTEL 1975 a) unserer heimischen Tierwelt angesehen, dessen Bestand es in Mitteleuropa zu vernichten gelte. Diese Einstellung, welche der auf einer Hege und Erhaltung des Wildes gerichteten ethischen Grundhaltung des traditionellen deutschen Waidwerkes widerspricht, beruht offensichtlich auf mehreren Gründen: Die Furcht vor den Schäden, welche der Waschbär an den Beständen der Wildenten, Fasanen, Rebhühner und anderen Hühnervögeln und an Junghasen anrichten kann; vielfach noch mangelhafte Kenntnisse der Jägerschaft über die Lebensweise und waidgerechte Bejagung des Waschbären, aber auch die Verwurzelung in eine Tradition, welche die Jagd nicht als einen Sport, sondern einen auf ethischen Prinzipien beruhenden Dienst an der Natur ansieht und eine Umstellung auf neu auftretende Tierarten erschwert. Für letzteres kann als Beispiel an das im deutschen Jagdrecht enthaltene Verbot der Jagd mit Hilfe künstlicher Lichtquellen (§ 19 Abs. 1 Ziff. 5 Bundesjagdgesetz) erinnert werden, die bei der Waschbärenjagd in den Vereinigten Staaten üblich ist, in Deutschland aber selbst, wenn das Verbot aufgehoben werden würde, von der Jägerschaft wahrscheinlich abgelehnt würde.

Allerdings hat die Erkenntnis, daß der Waschbär sich aus seinen Kerngebieten in Mitteleuropa kaum noch verdrängen läßt, sondern weiterhin im Vordringen ist, inzwischen jedenfalls die Landesparlamente und zuständigen Jagdbehörden auf den Plan gerufen. So wurde der Waschbär in Hessen 1954, Bayern und Niedersachsen 1963, Rheinland-Pfalz 1968, Schleswig-Holstein 1973 und Nordrhein-Westfalen 1977 zum jagdbaren Wild erklärt (siehe u. a. Landesverordnung vom 25. Oktober 1973 — GVOBl. S.-H. 1973, S. 380). Allerdings genießt der Waschbär in diesen Bundesländern normalerweise keine Schonzeit. Dennoch dürfen Muttertiere während der Setzzeit bis zum Selbständigwerden der Jungen nicht bejagt werden, z. B. in Hessen vom 1. Mai und in Niedersachsen bereits vom 1. April bis zum 15. Juni. Eine weitere Folge dieser sich verändernden Einstellung zum Waschbären besteht darin, daß dem Waschbären als jagdbarem Wild nur noch mit solchen Fallen nachgestellt werden darf, die ihn unversehrt lebend fangen oder ihn sofort töten. Die früher vielfach verwendete Methode, den Waschbären mit Hilfe von beköderten Abzugeisen zu fangen, ist nach § 19 Abs. 1 Ziff. 9 des Bundesjagdgesetzes als Tierquälerei verboten, weil der Waschbär aufgrund seiner Gewohnheit, die Nahrung mit den Vorderpfoten aufzunehmen, gewöhnlich nur mit den Pfoten in eine derartige Falle gerät (KAMPMANN 1973 a; HEIMBACH; RAKOW).

Im übrigen gilt der Waschbär (ebenso wie der Marderhund) nach § 2 Abs. 2 der Bundesartenschutzverordnung vom 25. August 1980 als eine „einheimische Art“, da er sich bei uns in freier Natur ohne menschliche Hilfe über mehrere Generationen fortgepflanzt hat. Er gehört zwar nicht zu den „besonders“ geschützten Arten (Anlage 1 der BArtSchV). Aber jedenfalls darf er auch in jenen Bundesländern, wo er noch nicht zum jagdbaren Wild erklärt worden ist, nicht mehr jederzeit und auf jede beliebige Art und Weise getötet werden.

Da in der Bundesrepublik eine nächtliche Suchjagd auf Waschbären mit Hilfe von Hunden und Handlampen zur Zeit nicht durchführbar ist, unser in den Vereinigten Staaten unbekanntes Reviersystem eine großräumige Suchjagd häufig verhindert und speziell für die Waschbärensuche ausgebildete Hunde im allgemeinen noch nicht vorhanden sind, wird der Waschbär hier meistens mit Fallen oder auf Ansitz mit dem Gewehr bejagt. Bei der Fallenjagd haben sich am besten stabile Kasten- und Drahtfallen mit besonders gesicherten Falltüren (ungesicherte Fallen kann der Waschbär selbst öffnen) in der Nähe von Müllkippen, Gewässern, Wald- und Feldrändern bewährt. Sie brauchen nicht verblendet zu werden und können mit toten Vögeln, Obst, Rosinen, Mais oder Käse beködert werden. Es wird berichtet, daß auch blanke, spiegelnde Objekte (Blech, Aluminiumfolie) den Waschbären anziehen, und sogar in unbeköderten Fallen wurden die neugierigen Tiere schon gefangen (KAMPMANN 1973 a).

Die Jagd mit dem Gewehr ist aufgrund der nächtlichen Lebensweise der Waschbären nur schwer auszuüben und im allgemeinen nur dann erfolgreich, wenn man die Ruhestätten des Waschbären kennt (VEIGEL). Sie kann als Ansitzjagd an Plätzen, wo Waschbären auftreten (Müllplätze, Luderplätze, Obstgärten und Getreidefelder zur Fruchtreife), als abendliche Stöberjagd mit dem suchenden Hund oder als Lockjagd mit der Hasenklage ausgeübt werden. Bei Neuschnee kann die Waschbärenspur auch ausgegangen werden (RIECK), um dann den Waschbären während der Ranzzeit in seinem Ruheplatz aufzusuchen.

Da der Waschbär verhältnismäßig intensiv bejagt werden muß, wenn man den von ihm verursachten Schaden in vernünftigen Grenzen halten will, muß man in der Bundesrepublik auch über die wirksamste Jagdmethode nachdenken. Dabei dürfte sich unter unseren mitteleuropäischen Bedingungen eine systematische und intensive Bejagung des Waschbären mit der Falle als das effektivste Mittel für eine Bestandsregulierung erweisen.

IV. DER WASCHBÄR IN EUROPA UND ASIEN

16. Einbürgerung und Verbreitung

Außerhalb des nordamerikanischen Sub-Kontinents hat der Waschbär im Laufe dieses Jahrhunderts in Mitteleuropa und in der Sowjetunion neue Verbreitungsgebiete gefunden. Stabile Waschbärpopulationen, welche die Zentren der andauernden Ausbreitung dieses Tieres in der alten Welt sind, haben sich seit den 30er Jahren und vor allem nach dem 2. Weltkrieg im Gebiet der Bundesrepublik, der Deutschen Demokratischen Republik und in einigen europäischen und asiatischen Gebieten der Sowjetunion gebildet.

Da diese Populationen teils durch Einbürgerungen und teils durch entlaufene Farmtiere (s. S. 84) entstanden sind, läßt sich, wie bereits oben erwähnt (s. S. 28), kaum etwas über die Unterarten sagen, denen die in Europa und Asien auftretenden Populationen des *Procyon lotor* zuzurechnen sind. Es ist aber nicht auszuschließen, daß sich in Europa und innerhalb einzelner isolierter Populationen in Asien über lange Zeiträume einmal eigene Unterarten eines „europäischen" und „asiatischen" Waschbären entwickeln können.

Bevor auf den Ursprung einzelner Waschbärpopulationen in Europa und den gegenwärtigen Stand der Verbreitung in den einzelnen Ländern einzugehen ist, soll kurz etwas über den Prozeß der Ausbreitung gesagt werden. Offenbar verbreiten sich Waschbären zunächst über ein größeres Gebiet, bevor eine Zunahme der Populationsdichte und der Aufbau eines stabilen Vorkommens erfolgt (FRÖHLICH 1955). Entsprechend den Beobachtungen aus Nordamerika, daß junge männliche Tiere nach der Auflösung der Mutterfamilien größere Strecken zurücklegen als weibliche Tiere (s. S. 68), hat man in Mitteleuropa beobachtet, daß es sich bei dem erstmaligen Auftreten von Waschbären in einem Gebiet gewöhnlich um männliche Tiere handelt (für die Bundesrepublik TRATZ 1974; FÖRSTEL 1975 a, 1975 b; HARTL; ebenso für die DDR STUBBE). KAMPMANN (1972, 1975), der sich bisher am ausführlichsten mit der Verbreitung des Waschbären in Deutschland befaßt hat, nimmt an, daß die Ausbreitung zuerst den Flüssen und Bächen folgt. Dies würde der Vorliebe des Waschbären für aquatische Nahrung entsprechen und erscheint vor allem bei solchen Wasserläufen als einleuchtend, die noch bewaldet und von der Industrialisierung wenig berührt sind.

Wann sich in einem Gebiet eine stabile Waschbärpopulation gebildet hat, läßt sich abstrakt kaum sagen. In dem etwa 30 000 km^2 großen zusammenhängenden Kerngebiet des Waschbären in Hessen, Niedersachsen und Nordrhein-Westfalen schätzt KAMPMANN (1972) eine Populationsdichte von nur 0,8 Waschbären pro 100 ha. Der gleiche Autor nimmt aber auch an, daß in guten Waschbärhabitaten in der Bundesrepublik bereits 3 bis 4 Tiere auf 100 ha vorhanden sind (KAMPMANN o. J.). Für die DDR wird in Gebieten mit stabiler Population eine Populationsdichte von mindestens 0,5 bis 1 Tier auf 100 ha angegeben (STUBBE), und in der Sowjetunion wurden 1974 für stabile Populationen Werte von 0,35 bis 2 Tiere pro 100 ha geschätzt (HEPTNER und NAUMOV). Auch wenn man bei diesen Zahlen berücksichtigt, daß die jeweilige Populationsdichte von mehreren Faktoren, wie insbesondere dem Nahrungsangebot und dem Angebot an Winterruheplätzen abhängt, so dürfte bei einem Vergleich mit der erheblich höheren Populationsdichte amerikanischer Waschbärvorkommen (s. S. 64) insgesamt deutlich werden, daß die Populationsdichte des Waschbären selbst in seinem europäischen Kerngebiet offenbar noch nirgendwo ihren Höchststand erreicht hat. Denn Nahrungsangebot und Lebensbedingungen (insbesondere die gewöhnlich milden Winter) sind für den Waschbären in dem landwirtschaftlich intensiv genutzten Mitteleuropa nicht ungünstiger als in entsprechenden Gebieten der Vereinigten Staaten. Zieht man allerdings die Abschußzahlen des Waschbären in der Bundesrepublik von 1958 bis 1980 heran (s. Tabelle 5), so wird deutlich, daß die Zahlen der Abschüsse in dem weitaus größten deutschen Waschbärvorkommen in Hessen seit 1974/75 nicht mehr so stark angestiegen sind wie in den Vorjahren, sondern sogar rückläufig waren. Ob sich darin bereits ein gewisser Höchststand des Vorkommens abzeichnet oder ob dies auf andere Faktoren zurückzuführen ist, läßt sich nicht sagen. Diese Entwicklung macht aber jedenfalls deutlich, daß die von KAMPMANN (1972, 1975) aufgestellte These, die Zahl der erlegten Waschbären verdopple sich alle 3 Jahre infolge einer entsprechenden Bestandszunahme, wenn überhaupt, dann nur für die Anfangsjahre der Entwicklung einer Waschbärpopulation gelten kann. Ferner verdeutlicht die Tabelle beispielhaft, daß die Verbreitung des Waschbären in Deutschland vom Kerngebiet in Hessen ausgehend im Laufe der 60er Jahre allmählich alle Bundesländer erreicht hat und offensichtlich schon zu einem Zeitpunkt stattfand, als in Hessen noch nicht die höchste Populationsdichte erreicht war. Dementsprechend ist in allen Bundesländern, in denen der Waschbär vorerst nur in geringen Zahlen auftritt, im Laufe der kommenden Jahre mit einer Zunahme der Waschbären zu rechnen, und zugleich dürfte sich der Prozeß der Ausbreitung dieses Tieres über die Grenzen der Bundesrepublik hinaus in unsere Nachbarländer auch weiterhin fortsetzen. Dieser Prozeß ist offensichtlich durch die bisher schon ausgeübte Bejagung in der Bundesrepublik nur wenig beeinflußt worden. Ob eine Übernahme der wirksamen amerikanischen Jagdmethoden, wie sie oben (s. S. 75) beschrieben worden sind, einen begrenzenden Einfluß auf einzelne Populationen oder sogar den gesamten Bestand der Waschbären in Mitteleuropa hätte, müßte im praktischen Versuch nachgewiesen werden.

Ob man bei der gegenwärtigen Entwicklung allerdings annehmen kann, der Waschbär nutze bei seiner Verbreitung in Deutschland die durch die Begasung von Fuchs und Dachs entstandene ökologische Nische und nehme den durch den Rückgang der Dachse entstandenen Lebensraum ein (KAMPMANN 1972, 1973 a), erscheint zweifelhaft.

17. Bestand im In- und Ausland

a) Bundesrepublik Deutschland: Die Darstellungen über den Ursprung der Waschbärvorkommen in der Bundesrepublik sind kontrovers (FRÖHLICH 1955; MÜLLER-USING 1959; NIETHAMMER; KALDEN 1967; RIECK; KAMPMANN 1972; HEIMBACH; RÖBEN). Betrachtet man aber die Entwicklung, wie sie sich in den Abschußzahlen widerspiegelt, so erscheint es als wenig sinnvoll, Ursprung und Geschichte einzelner Waschbärvorkommen in Deutschland genau nachzeichnen zu wollen. Vielmehr ist es wichtig, auf einige Voraussetzungen und Stationen dieser Entwicklung hinzuweisen.

Abgesehen von Einfuhren für Zoologische Gärten sind Waschbären erstmalig in den 20er Jahren als Farmtiere in größerer Zahl nach Deutschland gebracht und hier auch kontinuierlich gehalten worden (KAMPMANN 1972; POGLAYEN-NEUWALL). Allerdings scheint die Züchtung von Waschbären in Pelztierfarmen sich in Europa wegen der amerikanischen Konkurrenz niemals richtig rentiert zu haben. Einbürgerungsversuche wurden nach MÜLLER-USING (1959, 1970) schon 1927 mit einigen Paaren im Ederseegebiet in Hessen gemacht und dort 1936 wiederholt. KAMPMANN (1972, 1975) bezweifelt diese Angaben allerdings. Er berichtet von 2 Paaren, die 1934 dort im Kreis Frankenberg mit Genehmigung des zuständigen Preußischen Landesjagdamtes ausgesetzt wurden, welche er als Grundstock der gesamten hessischen Waschbärpopulation ansieht. Mit diesen Einbürgerungen wollte man das Angebot jagdbarer Wildarten erweitern — eine kurzsichtige Maßnahme, wie man nachträglich feststellen mußte. Trotz der kurz nach der Einbürgerung von Dr. LUTZ HECK und CARL HAGENBECK gegen die Einbürgerung geäußerten Bedenken stellte man die Waschbären noch im Jahre 1934 unter Naturschutz, so daß sich die Tiere in den kommenden Jahren ungestört vermehren und ausbreiten konnten. Ob diese ursprüngliche Population durch weitere während des Krieges entlaufene Farmtiere ergänzt worden ist (KAMPMANN 1972 berichtet von insgesamt 13 bis 15 Tieren, von denen einige amerikanischen Truppeneinheiten entlaufen sein sollen) und ob sich auf dem Gebiet der Bundesrepublik daneben auch noch andere Inselvorkommen bildeten (in Rheinland-Pfalz soll 1944 der Kommandant eines Truppenübungsplatzes 6 Tiere ausgesetzt haben, KAMPMANN 1972), mag dahingestellt bleiben. MÜLLER-USING (1959) und HEIMBACH sprechen von insgesamt 3 Einbürgerungsversuchen in Deutschland.

Nachweislich hat sich jedenfalls östlich von Berlin im Kreise Strausberg (DDR) eine eigene Waschbärpopulation gebildet, die aus etwa 25 im Jahre 1945 aus einer Pelztierfarm in Wolfshagen entlaufenen Tieren entstanden ist (GRUMMT 1965) und 1960 auf mindestens 400 Tiere geschätzt wurde (GRUMMT 1965; STUBBE). Hingegen ist das Schicksal einer weiteren insularen Population, die sich aus 5 oder 6 im Jahre 1929 und 1930 in der Eifel aus Pelztierfarmen entlaufenen Waschbären gebildet hatte und bis 1934 auf einen Bestand von 30 bis 40 Tiere angewachsen war, unklar (NIETHAMMER; KAMPMANN 1972). Während die genannten Autoren annehmen, die Population sei nach dem 2. Weltkrieg wieder verschwunden, wurde schon im Jahre 1960 ein Waschbär im Département Moselle (Lothringen) bei Neufvillage (DUBOST) und weitere Tiere 1966 in Luxemburg (GORBET) nachgewiesen, von denen vermutet wurde, sie seien aus der Eifel zugewandert.

Der Gesamtbestand der Waschbären in der Bundesrepublik wurde von der Deutschen Forschungsstelle für Jagdkunde in Bonn auf 50 000 bis maximal 70 000 Tiere geschätzt. Zu hoch liegen Schätzungen von 100 000 Tieren. Bezogen auf die Anzahl der erlegten Tiere würde dies bedeuten, daß 1979/80 weniger als 4 % des Gesamtbestandes erlegt worden ist. Berücksichtigt man wiederum die verhältnismäßig geringe natürliche Sterblichkeit des Waschbären in Deutschland (s. S. 71), so wird an diesen Zahlen deutlich, daß auch die Bejagung zur Zeit jedenfalls keine effektive Begrenzung des Zuwachses der Waschbärpopulationen in der Bundesrepublik bildet. Auch hierin wird deutlich, daß der Prozeß der Ausbreitung des Waschbären nicht mehr aufzuhalten ist oder gar umzukehren wäre. Vielmehr zeigt das schrittweise Auftreten des Tieres in den einzelnen Bundesländern immer weiter von dem ursprünglich hessischen Verbreitungsgebiet entfernt, daß dieser Ausbreitungsprozeß seit einigen Jahren einen deutlich positiven Verlauf nimmt. Das Hauptverbreitungsgebiet des Waschbären liegt auch heute noch in Hessen und den angrenzenden Teilen Nordrhein-Westfalens und Niedersachsens (HEINTGES), wobei sich das Gebiet stabiler Populationen schon 1972 von Niedersachsen bis zum bayerischen Spessart erstreckt haben soll (LOOS).

In Nordrhein-Westfalen wurde der erste Waschbär schon 1946 im Amt Medebach erlegt (KAMPMANN 1972), und 1963 wurde im linksrheinischen Gebiet dieses Landes bei Moers an der holländischen Grenze ein Waschbär nachgewiesen (AMTMANN). In Rheinland-Pfalz wurde der erste Waschbär 1964 im Forstamt Altenkirchen erlegt (KAMPMANN 1972). Obwohl der Waschbär in den an Hessen angrenzenden Gebieten offenbar häufiger vorkommt, hat er bei seiner Ausbreitung nach Südwesten auch das Saarland erreicht (WuH 1973, Heft 14; Die Pirsch — Der Deutsche Jäger 1975, Heft 1). Allerdings kann nicht ausgeschlossen werden, daß die dort erlegten Tiere aus der bereits erwähnten Eifel-Population stammen können.

In südlicher Richtung hat die Ausbreitung des Waschbären in Einzelfällen schon in den frühen 60er Jahren Baden-Württemberg erreicht (MATHES), wo er bislang allerdings erst vereinzelt anzutreffen ist (TRATZ; KAMPMANN 1975; WuH 1976, Heft 8; WuH 1977, Heft 2; VON HENNIGS; GROSSMANN 1977). Nach Bayern ist der Waschbär seit den 60er Jahren von Norden aus vorgedrungen (FÖRSTEL 1975 a; KAMPMANN 1975). Der erste Waschbär wurde hier offenbar 1960 gefangen (FÖRSTEL 1976 a). KAMPMANN (1975) berichtet von 3 erbeuteten Tieren (1962, 1964, 1974, ein Tier stammte allerdings aus einem Privatgatter). Inzwischen sind aber weitere Berichte über Waschbären aus diesem Gebiet bekannt geworden (WuH 1967, Heft 16; Die Pirsch — Der Deutsche Jäger 1971, Heft 7; WuH 1974, Heft 1; DORMANN; FÖRSTEL 1975 a, 1976 a, 1977; BRAM; HARTL; BRAUN; HERTRICH; WuH 1978, Heft 18). Bei seiner Ausbreitung in nördlicher Richtung hat der Waschbär schon recht früh Niedersachsen erreicht, wo der erste Waschbär schon 1955 im Kreis Northeim gefangen worden ist (MÜLLER-USING 1959). Eine stabile Population scheint sich im Regierungsbezirk Hildesheim und hier vor allem im Solling gebildet zu haben (WuH 1974, Heft 12), während das Vorkommen in anderen Teilen des Landes noch gering zu sein scheint. Allerdings wurde der Waschbär auch schon in den Geestgebieten und dem Marschland nördlich von Bremen nachgewiesen (WuH 1978, Heft 18). Schließlich ist der Waschbär auch über die Elbe in das nördlichste Bundesland Schleswig-Holstein vorgedrungen, wo er zuerst in den südlichen Kreisen Steinburg (1967) und Kreis Herzogtum Lauenburg (1970) erbeutet worden ist (REGENTIN).

Tabelle 5: **Waschbärstrecken in der Bundesrepublik Deutschland**[1])

Jagdjahr	vor 1958	1958/59	1959/60	1960/61	1961/62	1962/63	1963/64	1964/65	1965/66	1966/67	1967/68
Hessen	30	28	114	147	94	169	183	342	402	357	544
Nordrhein-Westfalen	17	4	9	10	16	8	21	26	57	46	66
Niedersachsen	1	–	–	–	–	–	4	1	11	11	13
Rheinland-Pfalz	–	–	–	–	–	–	–	1	3	2	4
Schleswig-Holstein	–	–	–	–	–	–	–	–	–	–	1
Jahresstrecke	48	32	123	157	110	177	208	370	473	416	628

Jagdjahr	1968/69	1969/70	1970/71	1971/72	1972/73	1973/74	1974/75	1975/76	1976/77	1977/78	1978/79	1979/80
Hessen	628	759	801	1317	1670	1971	2366	2383	1469	1866	1371	1512
Nordrh.-Westf.	122	70	108	129	211	242	4	5	–	294	338	221
Niedersachsen	43	44	58	69	112	167	107	109	87	113	84	72
Rheinland-Pfalz	4	–	4	17	27	24	27	29	20	29	29	37
Schlesw.-Holst.	–	–	1	–	4	6	–	2	2	2	1	–
Bayern	–	3	1	2	–	2	1	–	–	–	–	–
Saarland	–	–	–	–	–	2	1	–	–	–	–	–
Jahresstrecke	797	873	973	1534	2024	2414	2406	2528	1578	2304	1823	1842

[1]) Die Streckenergebnisse sind bis einschließlich 1966/67 von KAMPMANN (1975) übernommen worden. Die Ergebnisse bis 1979/80 stammen von KAMPMANN (1975), aus dem DJV-Handbuch und dem Forstlichen Jahrbuch. Da die Streckenberichte z. T. voneinander abweichen, habe ich in solchen Fällen die höchsten Werte verwendet. Für Bayern und das Saarland liegen mir die Streckenberichte des DJV-Handbuches und des Forstlichen Jahrbuches erst ab 1968/69 vor. In Baden-Württemberg, Bremen und der Freien u. Hansestadt Hamburg sind keine Erbeutungen gemeldet worden (DJV-Handbuch).

b) D ä n e m a r k : Das Auftreten einzelner Waschbären im April 1978 bei Öster-Höjst und in Lögumgaarde in Südjütland (WuH 1978, Heft 13) beweist, daß diese Tierart 44 Jahre nach ihrer Freilassung in Hessen auch den skandinavischen Raum erreicht hat. Ob der Große Belt bzw. der Sund eine natürliche Grenze für die Ausbreitung bildet, die ein weiteres Vordringen des Waschbären in Skandinavien verhindern könnte, bleibt abzuwarten. In Dänemark hat man sich jedenfalls auf die weitere Entwicklung vorbereitet, indem man den Waschbären zum jagdbaren Wild erklärt hat, das vom 16. Juni bis 29. Februar gefangen und gejagt werden darf (WuH 1978, Heft 13).

c) D e u t s c h e D e m o k r a t i s c h e R e p u b l i k : In der DDR hat sich aus dem bereits erwähnten Vorkommen im Kreis Strausberg (Bezirk Frankfurt/Oder) östlich von Berlin eine stabile Population gebildet, die sich inzwischen weiter ausbreitet. Die etwa 2 Dutzend aus einer Farm entwichenen Tiere (GRUMMT 1965; nach REBERT soll es sich sogar um 50 bis 60 Tiere handeln) wurden als „interessante und wertvolle Bereicherung“ der Fauna (GRUMMT 1965) angesehen und vorerst geschützt, bis man das Tier infolge zunehmender Klagen über angerichtete Schäden 1962 zum jagdbaren Wild ohne Schonzeit erklärte. Bei der Bejagung wurden in der DDR von 1953 bis 1973 allerdings nur 106 Tiere erbeutet (STUBBE). Von Strausberg aus, wo in einem Umkreis von ca. 30 km um das „Einbürgerungszentrum“ regelmäßig Waschbären anzutreffen sind, hat sich eine weitere Population in nordwestlicher Richtung im Raum Kyritz und Wittstock gebildet. Aber auch in vielen anderen Bezirken der DDR (Schwerin, Neubrandenburg, Magdeburg, Potsdam, Groß-Berlin) wurde ein vereinzeltes oder sprunghaftes Auftreten des Waschbären berichtet. Auch in den südlichen Bezirken Halle, Leipzig, Erfurt, Suhl, Dresden und Cottbus traten Waschbären auf, und aus der Zunahme des Waschbären nimmt man auch in der DDR an, daß der Prozeß der Ausbreitung dort weiter voranschreitet (STUBBE).

Es wird berichtet, daß auch im Harz bei Treseburg und beim Forsthaus Wietfeld Waschbären aus Pelztierfarmen in die Freiheit entkommen sind. Ob diese Tiere eine eigenständige Population bilden konnten oder ob die Besiedlung des Harzes und der westlichen und südlichen Teile der DDR von Hessen aus erfolgt ist (so STUBBE), kann wohl nicht mehr geklärt werden. Jedenfalls scheinen im Wege einer Ausbreitung nach Osten weite Teile des Thüringer Waldes vom hessischen Kerngebiet aus besiedelt worden zu sein (KAMPMANN 1972; Die Pirsch — Der Deutsche Jäger 1974, Heft 16; WuH 1974, Heft 9).

d) Es wird vermutet, daß der Waschbär in östlicher Richtung bereits bis P o l e n vorgedrungen ist (STUBBE), wenn auch noch keine genauen Berichte darüber vorliegen. Nachweislich haben sich Waschbären auch in der T s c h e c h o s l o w a k e i ausgebreitet. Der erste Waschbär, der aus Gefangenschaft entlaufen sein soll, wurde bereits 1951 bei Trnava gefangen (MATOUSEK und VARGA). Je ein Waschbär wurde 1962 bei Neslusa (STOLLMANN) und 1965 im Böhmischen Wald und bis 1976 weitere 7 Tiere bei Uhlava erbeutet (FÖRSTEL 1976 b). Ob diese Tiere aus Pelztierfarmen stammen oder aus dem angrenzenden Bayerischen Wald oder aus der DDR zugewandert sind, ist ungeklärt. Jedenfalls sollen Waschbären in der Slowakei inzwischen häufiger vorkommen (MATOUSEK und VARGA). Eine Meldung über das Auftreten von Waschbären in R u m ä n i e n (BECKER) ist von STUBBE bezweifelt worden, nach dessen Auffassung aufgrund eines Übersetzungsfehlers eine Verwechslung mit dem aus dem Osten zugewanderten Marderhund vorliegt.

e) Bei der Verbreitung des Waschbären in Richtung Westen hat der Waschbär schon in den 60er Jahren H o l l a n d (WIJNGAARDEN; HOEKSTRA und VAN LAAR; Natuurhistorisch Maandblad 1969, Heft 9; Die Pirsch — Der Deutsche Jäger 1975, Heft 11) und L u x e m - b u r g (GORBET) erreicht. In F r a n k r e i c h wurde schon 1934 ein Waschbär im Elsaß erlegt, dessen Herkunft allerdings unbekannt blieb (NIETHAMMER). VAN DEN BRINK nimmt an, daß sich die Waschbären aus Hessen mittlerweile bis nach Lothringen verbreitet haben, jedenfalls wurde bereits 1960 ein Waschbär im Département Moselle von einem Jäger erlegt (DUBOST). Nach einer unbestätigten Zeitungsmeldung wurden im Frühjahr 1961 von Skifahrern sogar in den Alpen bei Chamonix (Département Haute-Savoie) an der Arve zwei Waschbären beobachtet (Le Figaro vom 13. März 1961). Ein junges männliches Tier wurde 1963 von Jägern an der Orne und ein weiteres Tier 1967 im Südwesten des Landes im Département Basses-Pyrénées nachgewiesen (BEAUFORT). Worauf diese vereinzelten und sehr weit verstreuten Vorkommen zurückzuführen sind, kann nicht gesagt werden.

f) Auch aus den südlichen Nachbarländern der Bundesrepublik wird ein, wenn auch noch vereinzeltes, Auftreten von Waschbären berichtet. In der Schweiz wurden erstmalig 1977 Waschbären beobachtet, die angeblich über Schaffhausen aus Deutschland eingewandert sind (WuH 1977, Heft 24; WuH 1978, Heft 22). Nachdem der Waschbär schon in einigen Kantonen zur Jagd freigegeben war, wurde schon 1978 vom Schweizer Bundesrat beabsichtigt, ihn im ganzen Land zum jagdbaren Wild zu erklären (WuH 1978, Heft 22). Aus Österreich wurden erstmalig 1974 Waschbären gemeldet, von denen angenommen wird, daß sie aus Bayern zugewandert sind (WuH 1974, Heft 6).

g) Sowjetunion: Bei den verschiedenen Waschbärvorkommen in der Sowjetunion handelt es sich mit Sicherheit nicht um Zuwanderungen aus dem mitteleuropäischen Kerngebiet dieses Tieres, denn von sowjetischer Seite sind mehrere Einbürgerungen mit unterschiedlichem Erfolg durchgeführt worden (VERESHCHAGIN; HEPTNER und NAUMOV). Dabei war jeweils die Absicht ausschlaggebend, den Waschbären als zusätzliches Pelztier einzubürgern.

Erste Einbürgerungsversuche wurden 1936 mit 22 Tieren aus einem russischen Zoo in Mittelasien in der Kirgisischen SSR vorgenommen (ALIEV und SANDERSON; HEPTNER und NAUMOV). Zwar wird 1949 in diesem Gebiet von einem Bestand von 80 bis 100 Tieren bei einer Dichte von 5 bis 8 Waschbären pro 1000 ha berichtet, aber 1963 wurde der Erfolg dieses Einbürgerungsversuches immer noch als ungewiß und nicht mit Sicherheit als erfolgreich angesehen.

Ein erfolgloser Einbürgerungsversuch wurde 1937 mit 2 Paaren auf der Petrow-Insel bei Wladiwostok im Fernen Osten unternommen (NOVIKOV). Hingegen erwies sich 1941 die Einbürgerung von 21

Farmtieren aus Westeuropa im östlichen Kaukasus in Aserbeidschan zwischen dem Schwarzen Meer und dem Kaspischen Meer als sehr guter Erfolg. In diesem Gebiet bildete sich die größte stabile Waschbärpopulation der Sowjetunion mit einem Bestand von 20 000 Tieren bei einer Populationsdichte bis zu 4 Tieren auf 100 ha. Jährlich werden dort 1000 bis 1500 Tiere erbeutet (HEPTNER und NAUMOV).

Erfolgreich wurde der Waschbär auch im europäischen Teil der Sowjetunion in der Weißrussischen SSR eingebürgert, wo in drei Freilassungen Wildfänge aus Aserbeidschan ausgesetzt wurden, die sich bis 1963 auf einen geschätzten Bestand von 700 Tieren entwickelt hatten (HEPTNER und NAUMOV).

Von 1936 bis 1958 sind nach ALIEV und SANDERSON in 26 Freilassungen insgesamt 1243 Waschbären ausgesetzt worden (etwas abweichend davon berichten HEPTNER und NAUMOV von 1222 Tieren bis 1962). Dabei stammen nur 63 Tiere aus Tierparks, davon 37 aus Westeuropa, während es sich bei den meisten Tieren um Lebendfänge der Population aus Aserbeidschan handelt, die ursprünglich selbst auf westeuropäische Farmtiere zurückgeht.

Wie die verschiedenen Einbürgerungsversuche in der Sowjetunion zeigen, findet der Waschbär dort nicht überall ideale Lebensbedingungen (RUBOVSKY). Die in Westeuropa nicht mehr vorhandenen natürlichen Feinde des Waschbären treten in der Sowjetunion noch auf. Aber vor allem dürfte das Klima eine entscheidende Grenze für die Ausbreitung des Waschbären in Osteuropa und Asien sein. Über die weitere Ausbreitung der einzelnen Waschbärpopulationen der Sowjetunion liegen keine eindeutigen Berichte vor. Bei Mitteilungen über das Auftreten der Waschbären in L e t t l a n d (WuH 1963, Heft 25; VAN DEN BRINK), wo dieses Tier nie eingebürgert worden ist, soll es sich wiederum um einen Übersetzungsfehler handeln (HEPTNER und NAUMOV; STUBBE). Es handelt sich dabei um den Marderhund, der in den baltischen Gebieten stark verbreitet ist und aus dem europäischen Teil der Sowjetunion kommend bei seiner westwärtigen Ausbreitung inzwischen auch das Gebiet der Bundesrepublik erreicht hat (BAJOHR; STEINBACHER).

Tabelle 6: **Einbürgerung des Waschbären in der UdSSR** (aus ALIEV und SANDERSON, Table 1)

Republik und Region	Jahr der Frei-lassung	Anzahl der Tiere	Gebiet	Ursprung
1. Kirgisische SSR	1936	22	Arslanbob Schutzgebiet	Taschkenter Zoo
	1952	43	Kara-Alminskiy Waldgebiet	Aserbeidschanische SSR
	1956	22	Arslanbob Schutzgebiet	Taschkenter Zoo und Aserbeidschanische SSR
2. Primorskiy Kray	1937	4	bei Petrow	Moskower Zoo
	1954	55	Malaza Flußgebiet	Aserbeidschanische SSR
	1954	72	Sugana Flußgebiet	Aserbeidschanische SSR
	1956	75	Tudagou Flußgebiet	Aserbeidschanische SSR
	1957	100	Daubikhenskiy Waldgebiet	Aserbeidschanische SSR
	1957	84	Pravaya Lefu Flußgebiet	Aserbeidschanische SSR
	1958	80	Ivanovskiy Bezirk	Aserbeidschanische SSR
	1958	20	Vladimirskiy Bezirk	Aserbeidschanische SSR
3. Aserbeidschanische SSR	1941	21	Zakatalo-Nukhinskaya Tal	Westeuropäische Farmen
	1949	18	Yalaminskaya Waldgebiet	Aserbeidschanische SSR
	1950	23	Yalaminskaya Waldgebiet	Aserbeidschanische SSR
	1952	79	Zakatalo-Nukhinskaya Tal	Aserbeidschanische SSR
	1953	17	Altyagachskiy Waldgebiet	Aserbeidschanische SSR
	1957	50	Talysh, Lenkoranskiy Bezirk	Aserbeidschanische SSR
4. Dagestan ASSR	1950	23	Prisulaskiy Waldgebiet	Aserbeidschanische SSR
5. Krasnodarskiy Kray	1951	28	Kaverze Flußgebiet	Aserbeidschanische SSR
	1958	114	Tuapskinskiy Bezirk	Aserbeidschanische SSR
6. Kabardo-Balkarische ASSR	1953	16	Belaya Flußgebiet	Westeuropäische Farmen
7. Usbekische SSR	1953	43	Pskem Flußgebiet	Aserbeidschanische SSR
8. Stavropol'skiy Kray	1954	104	Uruna Flußgebiet	Aserbeidschanische SSR
9. Weißrussische SSR	1954	54	Snyadinskiy Waldgebiet	Aserbeidschanische SSR
	1958	39	Stalinskiy Bezirk	Aserbeidschanische SSR
	1958	37	Turovskiy Bezirk	Aserbeidschanische SSR
	insgesamt:	1243		

18. Auswirkungen auf die Umwelt

Durch die Tatsache, daß der Waschbär in den Kerngebieten seiner Verbreitung in Europa zum festen Bestandteil der dortigen Fauna geworden ist und seine Ausbreitung und die Bildung neuer Populationen allenthalben positiv verläuft, stellt sich die Frage nach dem Einfluß der Ausbreitung dieses Tieres auf die örtlich vorhandenen Ökosysteme. Die amerikanische Literatur gibt auf diese Frage keine endgültige Antwort, da sie sich im ursprünglichen Herkunftsgebiet des Waschbären gewöhnlich nicht stellt. In Europa ist die Diskussion aber vielfach auf eine vereinfachende „Nutzen-Schaden"-Betrachtung reduziert worden. Diese Frage wäre ein Ansatzpunkt für eine sinnvolle und zukunftsweisende Feldforschung, welche die Auswirkung sowohl einzelner Waschbären als auch einer größeren Anzahl dieser omnivoren Tiere auf das in einem bestimmten Gebiet vorhandene Ökosystem untersucht. Der praktische Nutzen derartiger Untersuchungen würde darin bestehen, die ökologisch „tragbare" Anzahl von Waschbären innerhalb verschiedener Ökosysteme festzustellen.

Immerhin ergeben sich aus der Literatur einige vorläufige Anhaltspunkte für die Vorüberlegungen zu einer derartigen Untersuchung. Bestimmende Faktoren für den Einfluß dieses Omnivoren auf die Fauna eines von ihm bevorzugten Habitates (Feuchtgebiete, Waldgebiete mit Wasserläufen etc., s. S. 30) sind die Art und Weise seiner Nahrungssuche zusammen mit der Anpassungsfähigkeit an das örtliche Nahrungsangebot (s. S. 37) und seine Intelligenz (s. S. 14). Die nächtliche Nahrungssuche führt dazu, daß dem Waschbären vor allem hilflose Jungtiere aller Art, sowie Eier von Vögeln und Reptilien zum Opfer fallen, während er für alle ausgewachsenen Säuger und Vögel im allgemeinen keine Gefahr darstellt. Anpassungsfähigkeit und Intelligenz scheinen einzelne Waschbären zeitweilig zu ausgesprochenen Nahrungsspezialisten werden zu lassen, so daß sie sich z. B. während der Brutzeit bestimmter örtlich häufig auftretender Vogelarten überwiegend von den Eiern und Nestlingen dieser Vögel ernähren und damit zu einem merklichen Rückgang ihres örtlichen Vorkommens beitragen. Im allgemeinen wird in der amerikanischen Literatur aber angenommen, daß die Schäden, welche der Waschbär in seiner natürlichen Umwelt anrichtet, unbedeutend sind (STUEWER 1943 a; GOLDMAN). Das heißt mit anderen Worten, daß sich auch der Waschbär in ein bestehendes Ökosystem einfügen läßt, ohne dieses erheblich zu Lasten der einen oder anderen Tierart zu verändern. Der entscheidende Faktor für den Übergang von einem für das vorhandene Ökosystem erträglichen Omnivoren zu einem für einzelne Tierarten dieses Systems gefährlichen Schädling scheint in der Anzahl der örtlich vorhandenen Waschbären zu liegen (LLEWELLYN und WEBSTER; JOHNSON).

a) Vereinigte Staaten: Mit den auch in vielen Gebieten der Vereinigten Staaten während der Jahre nach dem 2. Weltkrieg infolge des Rückganges der Fallenjagd ansteigenden Waschbärpopulationen sind auch aus dem Herkunftsland des Waschbären verschiedentlich auftretende „Schäden" berichtet worden, die dieser angerichtet haben soll. Dabei stehen natürlich die sog. „Jagdschäden", also Schäden an jagdbaren oder anderweitig kommerziell genutzten wildlebenden Tieren im Vordergrund. So wird z. B. aus dem nördlichen Alabama berichtet, daß Waschbären dort starke Schäden an jungen Kaninchen verursacht hätten (ATKESON und HULSE). Auch wird mehrfach darauf hingewiesen, daß Waschbären jungen Bisamratten so stark nachgestellt hätten, daß dieses Nagetier aus verschiedenen Gebieten nahezu verschwunden sei. Während Kaninchen in Gebieten mit hoher Populationsdichte und vor allem der Bisam in Europa selbst als Schädling angesehen werden, haben Fallenjäger in den USA dadurch Schaden erlitten, daß Waschbären gefangene Bisamratten aus den Fallen nahmen und verzehrten (CAGLE; DORNEY 1954). Auch für den örtlichen Rückgang einer kommerziell genutzten Schildkrötenart (diamond-black turtle) wird der Waschbär verantwortlich gemacht, da er die Schildkröteneier sucht und ebenso wie Vogeleier aus der Schale frißt (ERICKSON und SCUDDER; AMUNDSON 1949; SCHOONOVER und MARSHALL). Da sich bei dieser Art der Nahrungsaufnahme nur selten Schalenbestandteile im Mageninhalt oder in den Exkrementen des Waschbären finden, kann seine Schädlichkeit in dieser Hinsicht jedenfalls nicht durch die üblichen Nahrungsuntersuchungen (s. S. 37) nachgewiesen werden.

Den wohl wichtigsten „schädlichen" Einfluß auf die Fauna hat der Waschbär aber für den Bestand verschiedener Vogelarten. Da er ausgezeichnet klettern kann, fallen ihm auch Gelege verschiedener Baum- und Höhlenbrüter zum Opfer, wie z. B. die der in Baumhöhlen brütenden amerikanischen Waldente *(Aix sponsa)* (BELLROSE, JOHNSON und MEYERS). Auch werden Schäden in Fischreiherkolonien erwähnt (LOPINOT; IVANOVS). Die Hauptschäden scheinen aber bei bodenbrütenden Wasservögeln aufzutreten, nicht zuletzt deshalb, weil der Waschbär seine Nahrung mit Vorliebe an Gewässern und in Feuchtgebieten sucht und als guter Schwimmer u. a. auch auf kleine Schilfinseln gelangt, wo z. B. Fuchs und Dachs selten hinkommen, so daß in vielen Untersuchungen der Waschbär als allgemeiner Nesträuber der Wasservögel genannt wird (LLEWELLYN und WEBSTER; URBAN).

Dabei wurde festgestellt, daß Waschbären sich während der Brutzeit der Wasservögel im Vergleich zu anderen Jahreszeiten recht ortstreu verhalten. In anderen Untersuchungen aus Norddakota wurden auch Anzeichen dafür gefunden, daß alte männliche Waschbären z. T. recht weit zu den Entennistplätzen in der Prärie wanderten. Daraus ergab sich entgegen der allgemeinen Regel, wonach der von Waschbären angerichtete Schaden mit der Zunahme der Waschbären steigt, daß in besonderen Situationen schon ein recht kleiner Waschbärbestand ausnahmsweise einen großen Schaden anrichten kann (FRITZELL 1978), wenn besondere Bedingungen wie z. B. zahlreiche Gelege auf engem Raum vorliegen. Im allgemeinen wird man aber beachten müssen, daß der Waschbär nur einer von mehreren Nesträubern ist. Eine einseitige Dezimierung des Waschbären muß nicht unbedingt immer zu einer Steigerung der Bruterfolge führen, sondern kann auch zu einem Anwachsen des Schadens durch andere Nesträuber (wie z. B. Krähen) führen (URBAN). So konnte man z. B. im nordwestlichen Minnesota die Erfolge bei der Brut und Aufzucht von Wildenten erst durch eine starke Kontrolle mehrerer Nesträuber verbessern (BALSER, DILL und NELSON). Im allgemeinen wird man aber, jedenfalls im Hinblick auf amerikanische Untersuchungen, über den Einfluß von Waschbären auf den Bestand von Wildenten sagen können, daß die Zunahme eines Waschbärbestandes zu einer Zunahme des Waschbärschadens an Wasservögeln (LLEWELLYN und WEBSTER) und zu einer örtlichen Abnahme des Bestandes an Wildenten führt (FRITZELL 1978 für Norddakota). Dabei haben Untersuchungen an der Küste von Maryland gezeigt, daß Nester in unmittelbarer Nähe von Teichen häufiger von Waschbären heimgesucht wurden als solche, die etwas weiter vom Wasser entfernt lagen (LLEWELLYN und WEBSTER). Ergänzend stellte man in einem Hochlandgebiet in Süddakota fest, daß sich in verborgen liegenden Nestern mehr als sechsmal so viele junge Enten entwickeln konnten, ohne daß die Nesträuber dort besonders bejagt worden wären, als in Gebieten mit vergleichsweise offen liegenden Nestern und einer starken Dezimierung von Nesträubern (TRAUTMAN, FREDRICKSON und CARTER). Die Versuche mit künstlichen Nistkästen für Wasservögel waren dabei meist nur im ersten Jahr ein Erfolg, da gewöhnlich spätestens in der zweiten Brutsaison ein Kasten von einem Waschbären untersucht wurde. Hatte dieser erst einmal das Wildentengelege in einem Kasten entdeckt, durchsuchte er systematisch alle anderen Kästen und richtete dabei beträchtlichen Schaden an den Gelegen an (LLEWELLYN und WEBSTER; EATON).

Ähnliche Erfahrungen machte man mit dem Waschbären auch bei Kanadagänsen, die auf kleinen Inseln vor der Küste von Maryland brüteten (LLEWELLYN und WEBSTER). In dieser und einer anderen Untersuchung (CHESNESS, NELSON und LONGLEY) waren die Waschbärschäden um so höher, je weniger Nistmaterial zur Verfügung stand. Allerdings scheinen die Gelege der Kanadagänse hauptsächlich während der Legezeit gefährdet zu sein (URBAN), da die brütenden Gänse ihre Gelege offenbar erfolgreich gegen Waschbären verteidigen (LLEWELLYN und WEBSTER).

Außerhalb der Brutzeit sind die Schäden, welche der Waschbär am Bestand von Wildenten und Gänsen anrichtet, sehr viel geringer. Man hat zwar in Überwinterungsgebieten der Kanadagänse festgestellt, daß der Hauptanteil der tierischen Nahrung des Waschbären während der

Jagdzeit der Gänse dort aus Kanadagänsen bestand und zu dieser Zeit auch den pflanzlichen Nahrungsanteil übertraf. In diesen Fällen handelte es sich aber um angeschossene Gänse, die nicht zur Strecke gekommen waren und dann ein Opfer der Waschbären wurden (YEAGER und ELDER). Ähnliche Beobachtungen machte man in Seegebieten in Kalifornien während der Jagdzeit der Enten und Gänse, wo der Nahrungsanteil der Waschbären an angeschossenen Wasservögeln bis zu 90 % betrug (RUE).

Auch für andere Bodenbrüter stellt der Waschbär als Nesträuber eine beträchtliche Gefahr dar, allerdings nicht die einzige. So stellte man im südlichen Minnesota und in Süddakota fest, daß die Bruterfolge der Fasanen und der Fasanenbesatz in Gebieten, in welchen neben dem Waschbären auch die Krähe *(Corvus brachyrhynchos)*, der Streifenskunk *(Mephitis mephitis)*, der Fleckenskunk *(Spilogale putorius)* sowie Rotfuchs *(Vulpes fulva)* und Dachs *(Saxidea taxus)* stark bejagt wurden, erheblich besser waren als in Gebieten, wo dies nicht geschah (CHESNESS, NELSON und LONGLEY; TRAUTMAN, FREDRICKSON und CARTER). Andere Hühnervögel, deren Bruten der Waschbär gefährdet, sind Rebhühner, Wachteln und möglicherweise wilde Truthähne. Allerdings haben Untersuchungen im südlichen Alabama, in Florida und in Küstenregionen anderer Südstaaten gezeigt, daß in den besten Truthahnhabitaten mit hohem Besatz an Truthähnen auch Waschbären in hoher Wilddichte vorhanden waren (JOHNSON), so daß der Waschbär sich dort jedenfalls nicht dezimierend auf den Truthahnbesatz auswirkte. Eine generelle Feststellung, daß in Gebieten, wo Waschbären auftreten, jagdbares Flugwild selten vorkommt, muß also zumindest dahingehend präzisiert werden, daß dies nur zutrifft, wenn der Waschbär in großer Zahl vorhanden ist (WHITNEY und UNDERWOOD 1952 a). Ferner ist festzuhalten, daß größere Flugwildarten (Gänse, Truthähne) Gelege und Junge offenbar besser gegen Waschbären schützen können als kleinere (Wildenten).

Nur am Rande ist in diesem Zusammenhang auch auf den Schaden hinzuweisen, den Waschbären für die Landwirtschaft anrichten können, indem sie Obst, Weintrauben, Getreide und Geflügel zerstören

(SHERMAN; U. S. Department of the Interior). Dabei ist wiederum die Beobachtung interessant, daß sie an Melonenplantagen gewöhnlich keinen Schaden anrichten, es sei denn, sie kommen zufällig in den Genuß einer geöffneten Melone (JOHNSON). In diesem Fall verwüsten sie oftmals das ganze Melonenfeld. Derartige Schäden können in Gebieten mit intensiver Landwirtschaft, Weinanbau und Obstplantagen recht groß sein.

b) Bundesrepublik Deutschland: Auch in Deutschland steht die Frage der vom Waschbären angerichteten Schäden im Vordergrund einer Diskussion über den Umwelteinfluß dieses „Neubürgers". So wird angenommen, er töte „alles Jungwild und Kleinwild (vornehmlich Kaninchen)" und raube auch Forellen aus den Zuchtteichen (KAMPMANN 1972). Berichte über zerstörte Gelege verschiedener Vögel sind in jagdlichen Veröffentlichungen nicht selten (KNÜPPEL; TASSIUS; KAMPMANN 1972; AXMANN 1974). Ähnliche Waschbärschäden, wie man sie in Amerika an Entennistkästen erlebt hat, werden auch aus deutschen Waschbärgebieten berichtet, wo bis zu 70 % der Gelege in künstlichen Vogelnistkästen zerstört worden sind (HARTWIG). Vor allem aber wird dem Waschbären der Rückgang oder das Verschwinden von Auerhahn- und Waldhuhnbeständen in einigen hessischen Revieren angelastet (MÜLLER-USING 1962, 1970; KAMPMANN 1972, o. J.; LOOS), und seit dem Wiedereinbürgerungsversuch von Auerwild im Harz im Jahre 1978 wird dort der Waschbär neben dem Fuchs und dem Marder besonders stark bejagt (Frankfurter Allgemeine Zeitung vom 9. Oktober 1978, S. 7). Auch der Rückgang von Rebhühnern, Fasanen und Hohltauben wird mit dem Auftreten des Waschbären in Verbindung gebracht (KNÜPPEL; KAMPMANN 1972, o. J.). Ferner fürchtet man, daß der Waschbär bei seinem weiteren Vordringen in den Norden und Westen in den Brutkolonien der Seevögel an der Nordsee beträchtlichen Schaden anrichten kann. Die Klagen über den Waschbären gipfeln in der Feststellung, seine Ausbreitung bedrohe „mehrere einheimische Tierarten mit der Ausrottung", und es werde „schließlich keine Rebhühner, Hasen und Fasanen mehr geben" (DRÖSCHER 1978).

Beruhen die Aussagen über den schädlichen Einfluß des Waschbären auf unsere heimische Fauna weitgehend auf Berichten von Einzelfällen über Schäden und die Vermutungen über weitere Schäden teilweise auf Spekulationen, so nimmt man Berichte über Schäden, welche Waschbären in der Landwirtschaft angerichtet haben, im allgemeinen ohne besondere Dramatisierung zur Kenntnis. Waschbären verursachten Schäden in Geflügelställen, in Zwetschgen-, Pflaumen- und Kirschenplantagen, in Hafer-, Weizen- und Maisfeldern, und sogar im Obstlager einer Hamburger Konservenfabrik (THEWES).

Insgesamt wird man aber feststellen müssen, daß man über den wirklichen Einfluß des Waschbären auf die Umwelt in Mitteleuropa aus der vorhandenen Literatur kein zutreffendes Bild entnehmen kann. Darin spiegelt sich die einseitige, an Schäden orientierte Betrachtungsweise wider, welche im jagdlichen Schrifttum bei dem gesamten Problemkreis vorherrscht. Diese muß ergänzt werden um die Frage, welchen Nutzen der Waschbär für die Umwelt bei der Vertilgung von Insekten, Würmern und Kleinnagern tatsächlich hat, und wie er z. B. als natürlicher Feind gegen das Auftreten von Bisamratten, bei Kaninchenplagen oder in Silbermöwenkolonien wirken könnte. Ferner ist in diese Betrachtung natürlich die Einwirkung auf die gesamte Umwelt und nicht nur auf jagdbare Tiere einzubeziehen, da das Verhalten des omnivoren Tieres vom gesamten Nahrungsangebot eines Gebietes bestimmt wird. Der Hauptmangel liegt aber darin, daß eine grundlegende wildbiologische Feldforschung über die Lebensweise des Waschbären in Europa und seinen Einfluß auf unsere Fauna bisher nur in geringen, allerdings sehr vielversprechenden Ansätzen vorhanden ist. Sollen bei einer derartigen Untersuchung Generalisierungen vermieden werden, müssen mit einer differenzierenden Betrachtungsweise die besonderen Bedingungen untersucht werden, welche die Waschbären in den mitteleuropäischen Habitaten vorfinden. Derartige Bedingungen sind z. B. das weitgehende Fehlen natürlicher Feinde, eine „Überhege“ bestimmter Wildarten (Fasanen, Enten) zu jagdlichen Zwecken, eine intensive Landwirtschaft bei gleichzeitigem Rückgang von lichten Altholzbeständen mit ihrem großen Nahrungsangebot für den

Waschbären (Waldbeeren, Eicheln, Bucheckern). Zugleich wird man über eine wirksame Methode der Bejagung des Waschbären nachdenken müssen, denn es ist nicht mehr zu verkennen, daß der Waschbär von seinen Kerngebieten in Europa und Asien ausgehend immer größere Gebiete der Alten Welt besiedeln wird. Eine frühzeitige Feldforschung kann seine Ausbreitung zwar nicht mehr rückgängig machen, sie kann aber interessante jagdbiologische Einblicke in diesen Prozeß geben und als Grundlage für praktische Maßnahmen zur Steuerung dieser Entwicklung durch den Jäger dienen.

LITERATURVERZEICHNIS

ALIEV, F. F. und G. C. SANDERSON (1966): Distribution and status of the raccoon in the Soviet Union. J. Wildl. Mgmt. 30 (3): 497—502.

ALLEN, E. R. und W. T. NEILL (1956): Albinistic sibling raccoons from Florida. J. Mamm. 37 (1): 120.

AMTMANN, E. (1963): Ein Waschbär, Procyon lotor (L.), am unteren Niederrhein in freier Wildbahn. Säugetierk. Mitt. 11: 182—183.

AMUNDSON, R. (1949): The raccoon, Wildl. North Carolina 13 (5): 4—6, 20.

ARATA, A. A. und J. H. HUTCHISON (1964): The raccoon (Procyon) in the Pleistocene of North America. Tulane Stud. Geol. 2 (2): 21—27.

ATKESON, T. Z. und D. C. HULSE (1953): Trapping versus night hunting for controlling raccoons and opossums within sanctuaries. J. Wildl. Mgmt. 17 (2): 159—162.

AXMANN, H. (1974): Erlebnisse mit Waschbären. Zu: WuH Nr. 7 vom 23. Juni 1974, Seite 164. WuH 77 (11): 260—261.

— (1978): Waschbären. Die Pirsch — Der Deutsche Jäger 30 (20): 1327.

BAJOHR, A. (1970): Der Marderhund breitet sich aus. WuH 73 (9): 202—203.

BAKER, R. H. (1956): Mammals of Coahuila, Mexico. Univ. Kansas Publs., Mus. Nat. Hist. 9 (7): 125—335.

BAKER, R. H. und C. C. NEWMAN (1942): Note on the den site of a raccoon family. J. Mamm. 23 (2): 214—215.

BAKER, R. H., C. C. NEWMAN und F. WILKE (1945): Food habits of the raccoon in eastern Texas. J. Wildl. Mgmt. 9 (1): 45—48.

BALSER, D. S., H. H. DILL und H. K. NELSON (1968): Effect of predator reduction on waterfowl nesting success. J. Wildl. Mgmt. 32 (4): 669—682.

BARASH, D. P. (1974): Neighbor recognition in two "solitary" carnivores: the raccoon (Procyon lotor) and the red fox (Vulpes fulva). Science (New Series) 185: 794—796.

BARBOUR, R. W. (1951): Notes on mammals from West Virginia. J. Mamm. 32 (3): 368—371.

BARK, D. (1968): Zur Bejagung von Waschbären. WuH 71 (19): 466.

BEAUFORT, F. DE (1968): Apparition du raton-laveur, Procyon lotor (L.) en France. Mammalia 32 (2): 307.

BECKER, M. J. (1968): Der Waschbär in der VR Rumänien. Unsere Jagd 18 (3): 84.

BELLROSE, F. C., K. L. JOHNSON und T. U. MEYERS (1964): Relative value of natural cavities and nesting houses for wood ducks. J. Wildl. Mgmt. 28 (4): 661—676.

BERARD, E. V. (1952): Evidence of a late birth for the raccoon. J. Mamm. 33 (2): 247—248.

BERNER, A. und L. W. GYSEL (1967): Raccoon use of large tree cavities and ground burrows. J. Wildl. Mgmt. 31 (4): 706—714.

BERRY, R. J. und G. M. TRUSLOVE (1968): Age and eye lens weight in the house mouse. J. Zool., Proc. Zool. Soc. London 155 (2): 247—252.

BIDER, J. R., P. THIBAULT und R. SARRAZIN (1968): Schèmes dynamiques spatio-temporels de l'activité de Procyon lotor en relation avec le comportement. Mammalia 32 (2): 137—163.

BIERENS DE HAAN, J. A. (1932): Über das sogenannte „Waschen" des Waschbären (Procyon lotor), nebst einigen Bemerkungen über die Formen und die Bedeutung der tierischen Spiele. Biol. Zentralbl. 52 (6): 329—343.

BIGLER, W. J., R. G. McLEAN und H. A. TREVINO (1973): Epizootiologic aspects of raccoon rabies in Florida. Am. J. Epidemiol. 98 (5): 326—335.

BIGLER, W. J., J. H. JENKINS, P. M. CUMBIE, G. L. HOFF und E. C. PRATHER (1975): Wildlife and environmental health: raccoons as indicator of zoonoses and pollutants in southeastern United States. J. Am. Vet. Med. Assoc. 167: 592—597.

BISSONNETTE, T. H. und A. G. CSECH (1938): Sexual photoperiodicity of raccoons on low protein diet and second litters in the same breeding season. J. Mamm. 19 (3): 342—348.

BLÖMEKE, W. (1979): Der unbekannte Waschbär. WuH 82 (13): 678.

BOCK, K. M. (1973): Wir jagen den Waschbären. WuH 75 (25): 581—584.

BODE, H. (1934): Waschbärenzucht. Dt. Pelztierz. 9 (20): 387—391.

BRAM, M. (1977): Waschbären in Oberfranken. Die Pirsch — Der Deutsche Jäger 29 (24): 1496.

BRAUN (1978): Waschbär erlegt. Die Pirsch — Der Deutsche Jäger 30 (18): 1189.

BREHM, A. (1915): Die Säugetiere. Bd. 3, Leipzig und Wien.

BRINK, F. H. VAN DEN (1975): Die Säugetiere Europas westlich des 30. Längengrades. 3. Aufl., Hamburg und Berlin.

BURT, W. H. (1943): Territoriality and home range concepts as applied to mammals. J. Mamm. 24 (3): 346—352.

— (1966): The masked bandit. Michigan Aud. Newsl. 13 (5): 3.

BURT, W. H. und R. P. GROSSENHEIDER (1976): A field guide to the mammals. Houghton Mifflin Comp., 3. Aufl., Boston.

BUTTERFIELD, R. T. (1944): Populations, hunting pressure, and movement of Ohio raccoons. Trans. North Am. Wildl. Conf. 9: 337—344.

— (1950): The buying of den trees for raccoon management. J. Wildl. Mgmt. 14 (2): 244—246.

— (1954): Traps, live-trapping, and marking of raccoons. J. Mamm. 35 (3): 440—442.

CABALKA, J. L., R. R. COSTA und G. O. HENDRICKSON (1953): Ecology of the raccoon in central Iowa. Proc. Iowa Acad. Sci. 60: 616—620.

CAGLE, F. R. (1949): Notes on the raccoon, Procyon lotor megalodous Lowery. J. Mamm. 30 (1): 45—47.

CAHALANE, V. H. (1947): Mammals of North America. Macmillan Comp., New York.

CAMERON, A. W. (1964): Canadian Mammals. Ottawa, Canada.

CARAS, R. A. (1967): North American mammals. Meridith Press, 1. Aufl., New York.

CARR, W. H. (1945): Raccoons we have known. Natural History 54 (4): 152—157.

CASTRO, C. A. (1964): Metapher of the hand: the raccoon. Frontiers 28 (5): 139—141.

CHESNESS, R. A., M. M. NELSON und W. H. LONGLEY (1968): The effect of predator removal on pheasant reproductive success. J. Wildl. Mgmt. 32 (4): 683—697.

COCHRAN, W. W. und R. D. LORD, JR. (1963): A radio-tracking system for wild animals. J. Wildl. Mgmt. 27 (1): 9—24.

COCHRAN, W. W., D. W. WARNER, J. R. TESTER und V. B. KUECHLE (1965): Automatic radio-tracking system for monitoring animal movements. BioScience 15 (2): 98—100.

COLBERT, E. H. (1965): Die Evolution der Wirbeltiere. Stuttgart.

CONNOR, P. F. (1953): Notes on the mammals of a New Jersey Pine Barrens Area. J. Mamm. 34 (2): 227—235.

COWAN, W. F. (1974): Ecology and life history of the raccoon (Procyon lotor hirtus Nelson and Goldman) in the northern part of its range. Ph. D. Univ. North Dakota 1973, Diss. Abstr. Intern. B. Sci. 35 (1): 187 B.

DANKER, O. (1979): Der unbekannte Waschbär. WuH 82 (13): 678.

DARLINGTON, P. L. (1957): Zoogeography. The geographical distribution of animals. New York und London.

DAVIS, H. B. (1907): The raccoon: a study in animal intelligence. Am. J. Psychol. 18 (4): 447—489.

DAVIS, D. E. (1953): Analysis of home range from recapture data. J. Mamm. 34 (3): 352—358.

DAVIS, D. E. und F. B. GOLLEY (1963): Principles in mammalogy. Reinhold Publ. Corp., New York.

DJV (1975): Ergebnisse des Jagdjahres 1973/74. Die Pirsch — Der Deutsche Jäger 27 (1): 2—5.

— (1979): Der Waschbär — eine Gefahr für alles Niederwild. Mitt. f. Schlesw.-Holst. Jäger und Fischer, 25 (7): 3—4.

DORMANN, G. (1975): Waschbär auf dem Vormarsch. Die Pirsch — Der Deutsche Jäger 27 (11): 595.

DORNEY, R. S. (1953): Some unusual juvenile raccoon weights. J. Mamm. 34 (1): 122—123.

— (1954): Ecology of marsh raccoons. J. Wildl. Mgmt. 18 (2): 217—225.

DOZIER, H. L. (1948): A new eastern marsh-inhabiting race of raccoon. J. Mamm. 29 (3): 286—290.

DOZIER, H. L., T. M. P. HARDY und M. H. MARKLEY (1948): Fur characteristics of two eastern raccoons. J. Mamm. 29 (4): 383—393.

DRÖSCHER, V. B. (1978): Uhu kontra Waschbär. Zeitmagazin vom 10. März, Nr. 11: 14—20.

— (1979): Waschbären erobern Deutschland. Das Tier, Die intern. Zeitschrift f. Tier, Mensch und Natur 19 (2): 20—23.

DUBININ, V. B. (1958): Mange mites (Acariformes, Sarcoptoidea) and mange diseases of wild mammals. Biol. Abstr. 32 (6): 21263.

DUBOST, G. (1962): Capture d'un raton laveur (Procyon lotor L.) en Moselle. Bull. Soc. Lorraine Sci. 2 (1): 2—5.

EATON, R. L. (1966): Protecting metal wood duck houses from raccoons. J. Wildl. Mgmt. 30 (2): 428—430.

EISENTRAUT, M. (1953): Hält der Waschbär (Procyon lotor L.) wirklich Winterschlaf? Zool. Anz. 151 (1/2): 98—101.

ELLIS, R. J. (1964): Tracking raccoons by radio. J. Wildl. Mgmt. 28 (2): 363—368.

ERICKSON, A. B. und H. J. SCUDDER (1947): The raccoon as a predator on turtles. J. Mamm. 28 (4): 406—407.

EWER, R. F. (1976): Ethologie der Säugetiere. Berlin und Hamburg.

FOLK, G. E. JR., K. B. COADY und M. A. FOLK (1968): Physiological observations on raccoons in winter. Proc. Iowa Acad. Sci. 75: 301—305.

Der Forst- und Holzwirt (1977): „Bär- und Wolfshatz" nur im Falle eines Falles. 32 (14): 275.

FÖRSTEL, A. (1975 a): Waschbären in Bayern. WuH 78 (16): 620.
— (1975 b): Waschbär in der Fränkischen Schweiz. Die Pirsch — Der Deutsche Jäger 27 (8): 410.
— (1976 a): Waschbären im Fichtelgebirge. Die Pirsch — Der Deutsche Jäger 28 (19): 1079.
— (1976 b): Wildkatze und Waschbär im Böhmerwald. Die Pirsch — Der Deutsche Jäger 28 (6): 277—278.
— (1977): Waschbären in Bayern. WuH 80 (11): 488.
FRITZELL, E. K. (1977): Dissolution of raccoon sibling bonds. J. Mamm. 58 (3): 427—428.
— (1978): Habitat use by prairie raccoons during the waterfowl breeding season. J. Wildl. Mgmt. 42 (1): 118—127.
— (1978 a): Reproduction of Raccoons (Procyon lotor) in North Dakota. Am. Midl. Naturalist 100 (1): 253—256.
FRÖHLICH, TH. (1955): Der Waschbär, das neue Wild des Edergebirges. Die Pirsch 7 (17): 532—533.
FRÖHLICH, H. (1964): Waschbär-Beobachtungen. WuH 67 (14): 305.
FUNDERBURG, J. B. (1961): Erythristic raccoons from North Carolina. J. Mamm. 42 (2): 270—271.
GANDER, F. F. (1966): Raccoons. Animal Kingdom 69: 84—89.
GARRETT, H. E. und J. W. GOERTZ (1975): Longevity record for a captive raccoon (Procyon lotor). Trans. Missouri Acad. Sci. 9: 44—45.
GEORGE, J. L. und M. STITT (1951): March litters of raccoons (Procyon lotor) in Michigan. J. Mamm. 32 (2): 218.
GERENT, E. (1975): Der Waschbär in seiner Heimat. Die Pirsch — Der Deutsche Jäger 23 (23): 1356—1357.
GEWALT, W. (1956): Über das „Waschen“ von Procyon lotor L. Z. Säugetierk. 21 (1/2): 149—155.
GILES, L. W. (1939): Fall food habits of the raccoon in central Iowa. J. Mamm. 20 (1): 68—70.
— (1940): Food habits of the raccoon in eastern Iowa. J. Wildl. Mgmt. 4 (4): 375—382.
— (1942): Utilization of rock exposures for den and escape cover

by raccoons. Am. Midl. Naturalist 27 (1): 171—176.
— (1943): Evidences of raccoon mobility obtained by tagging. J. Wildl. Mgmt. 7 (2): 235.

GOLDMAN, E. A. (1950): The raccoons of North and Middle America. U. S. Fish and Wildl. Serv., North Am. Fauna 60: 1—153.

GOODPASTER, W. W. und D. F. HOFFMEISTER (1952): Notes on the mammals of western Tennessee. J. Mamm. 33 (3): 362—371.

GOODWIN, G. G. (1969): Mammals from the state of Oaxaca, Mexico. Bull. Am. Mus. Nat. Hist. 141 (1): 1—269.

GORBET, G. B. (1966): The terrestrial mammals of Western Europe. Dufour, Philadelphia.

GRAU, G. A., G. C. SANDERSON und J. P. ROGERS (1970): Age determination of raccoons. J. Wildl. Mgmt. 34 (2): 364—372.

GREGG, F. M. und C. A. McPHEETERS (1913): Behavior of raccoons to a temporal series of stimuli. J. Anim. Beh. 3 (4): 241—259.

GREGG, F. M., E. JAMISON, R. WILKIE und T. RADINSKY (1929): Are dogs, cats, and raccoons color blind? J. Comp. Psychol. 9 (6): 379—395.

GRONEFELD, G. (1978): Wie ein kleiner Bär zur Landplage wurde. Quick vom 13. Juli, 29: 42—43.

GROSSMANN, F. (1977): Waschbären in Baden-Württemberg. WuH 80 (9): 214.
— (1978): Stoppel-Füchse und Räude-Waschbär. WuH 81 (16): 386—387.

GRUMMT, W. (1965): Das Vorkommen des Waschbären im Berliner Raum. Beitr. Jagd- und Wildforschung 4 (78): 179—180.
— (1973): Der Waschbär (Procyon lotor L.). In: H. STUBBE: Buch der Hege. Berlin (DDR), Bd. 1: 220—226.

HABERMANN, R. T., C. M. HERMAN und F. P. WILLIAMS, JR. (1958): Distemper in raccoons and foxes suspected of having rabies. J. Am. Vet. Med. Assoc. 132 (1): 31—35.

HALL, E. R. (1946): Mammals of Nevada. Univ. California Press, Berkeley.

HALL, E. R. und K. R. KELSON (1959): The mammals of North America. Ronald Press Comp., Bd. 2, New York.

HALLORAN, A. F. und B. P. GLASS (1959): The carnivores and ungulates of the Wichita Mountains Wildlife Refuge, Oklahoma. J. Mamm. 40 (3): 360—370.

HAMILTON, W. J. JR. (1936): The food and breeding habits of the raccoon. Ohio J. Sci. 36 (3): 131—140.

— (1939): American mammals. McGraw — Hill Book Comp., New York.

— (1940): The summer food of minks and raccoons on the Montezuma Marsh, New York. J. Wildl. Mgmt. 4 (1): 80—84.

— (1943): The mammals of eastern United States. Compstock Publ. Comp., Ithaca, New York.

— (1951): Warm weather foods of the raccoon in New York State. J. Mamm. 32 (3): 341—344.

HARTL, L. (1977): Waschbären in der Oberpfalz. Die Pirsch — Der Deutsche Jäger 29 (22): 1353.

HARTWIG, G. (1970): Vom Waschbären. WuH 73 (19): 325—326.

HAYNE, D. W. (1949): Two methods of estimating populations from trapping records. J. Mamm. 30 (4): 399—411.

HEIMBACH, A. (1975): Die Ausbreitung und Bejagung des Waschbären in Deutschland. Nieders. Jäger 19: 563—566.

HEINTGES, FR. (1976): Marderhund und Waschbär. Die Pirsch — Der Deutsche Jäger 28 (5): 246—247.

HENNIGS, J. VON (1979): Der unbekannte Waschbär. WuH 82 (8): 203.

HEPTNER, V. G. und N. P. NAUMOV (Hrsg.) (1974): Die Säugetiere der Sowjetunion. Bd. 2, Jena.

HERTRICH, H. (1978): Waschbär an der Eichelhäherfalle. WuH 80 (21): 509.

HIBBARD, C. W. (1941): New mammals from the Rexroad Fauna, upper Pliocene of Kansas. Am. Midl. Naturalist 26 (2): 337—368.

HICHERT, W. (1952): Erlebnis mit Waschbären. WuH 55 (9): 141—142.

HOEKSTRA, B. und V. VAN LAAR (1963): Gegevens over de washbeer, Procyon lotor (L.), in Nederland. Natuurhist. Maandbl. 52 (3): 38—40.

HOFFMANN, R. S., P. L. WRIGHT und F. E. NEWBY (1969): The distribution of some mammals in Montana. I. Mammals other than bats. J. Mamm. 50 (3): 579—604.

HOFFMANN, C. O. und J. L. GOTTSCHANG (1977): Numbers, distribution, and movements of a raccoon population in a suburban residential community. J. Mamm. 58 (4): 623—636.

HOFFMEISTER, D. F. (1971): Mammals of Grand Canyon. Univ. Illinois Press, Urbana, Chicago, London.

HOLLIMAN, D. C. (1961): Erythrism in an Alabama cottontail. J. Mamm. 42 (2): 254—255.

HOLLISTER, N. (1916): The genera and subgenera of raccoons and their allies. Proc. U. S. Nat. Mus. 49 (2100): 143—150.

HOUSTON, C. S. und M. I. HOUSTON (1973): A history of raccoons in Saskatchewan. Blue Jay 31 (2): 103—104.

HSU, T. C. und K. BENIRSCHKE (1967): An atlas of mammalian chromosomes. Vol. I, Folio 25. New York, Heidelberg, Berlin.

HYMAN, L. H. (1968): Comparative vertebrate anatomy. Am. Mus. Nat. Hist., New York City. The Univ. Chicago Press, Chicago and London.

IMMELMANN, K. (1975): Wörterbuch der Verhaltensforschung. München.

IVANOVS, M. (1968): Raccoon pilfered a great blue heron's nest. Loon 40 (4): 133.

IVEY, R. (1948): The raccoon in the salt marshes of northeastern Florida. J. Mamm. 29 (3): 290—291.

JOHNSON, A. S. (1970): Biology of the raccoon (Procyon lotor varius Nelson and Goldman) in Alabama. Agric. Exp. Stat., Auburn Univ., Alabama.

KALDEN, G. (1967): Vom Waschbär. Die Pirsch 19 (11): 479.

— (1974): Erlebnisse mit Waschbären. WuH 77 (7): 165—166.

KAMPMANN, H. (o. J.): Der Waschbär. Anweisung zur systematischen Bejagung. Deutscher Jagdschutz-Verband e. V., Niederwildausschuß, Merkblatt Nr. 18.

— (1972): Der Waschbär in Deutschland. Diss. Göttingen.

— (1973 a): Der Waschbär, ein in Deutschland unerwünschtes Raubtier. WuH 75 (21): 497—500.

— (1973 b): Der Waschbär. Noch einmal dies Thema, aber aus amerikanischer Sicht. WuH 76 (5): 123—124.

— (1973 c): Stellungnahme zu: „Der Waschbär . . .“ von J. Schönburg. WuH 75 (23): 975.

— (1975): Der Waschbär. Verbreitung, Ökologie, Lebensweise, Jagd. Hamburg und Berlin.

— (1977): Marderhund und Waschbär. WuH 79 (25): 1152.

KAPPUS, K. D., W. J. BIGLER, R. G. McLEAN und H. A. TREVINO (1970): The raccoon an emerging rabies host. J. Wildl. Dis. 6: 507—509.

KEAST, A., F. C. ERK und B. GLASS (Hrsg.) (1972): Evolution, mammals, and southern continents. State Univ. New York Press, Albany.

KITZMILLER, A. B. (1934): Memory of raccoons. Am. J. Psychol. 46 (3): 511—512.

KNÜPPEL, K.-H. (1964): Waschbär im Revier. WuH 67 (11): 242—243.

KÖHNE, M. (1975): 20 Jahre Waschbären. Die Pirsch — Der Deutsche Jäger 27 (7): 340.

KOOPMAN, K. F., M. K. HECHT und E. LEDECKY-JANECEK (1957): Notes on the mammals of the Bahamas with special reference to the bats. J. Mamm. 38 (2): 164—174.

LANE, H. H. (1947): Survey of the fossil vertebrates of Kansas. Part V: The mammals. Trans. Kansas Acad. Sci. 50 (3/4): 273—314.

LECHLEITER, R. R. (1969): Wild mammals of Colorado. Pruett Publ. Comp. Boulder, Colorado.

LINDEMANN, W. (1958): Einbürgerung des Waschbären in der UdSSR. WuH 61 (10): 225.

LINHART, S. B. und W. B. ROBINSON (1972): Some relative carnivore densities in areas under sustained coyote control. J. Mamm. 53 (4): 880—884.

LLEWELLYN, L. M. und F. M. UHLER (1952): The foods of fur animals of the Patuxent Research Refuge, Maryland. Am. Midl. Naturalist 48 (1): 193—203.

LLEWELLYN, L. M. und R. K. ENDERS (1954): Ovulation in the raccoon. J. Mamm. 35 (3): 440.

LLEWELLYN, L. M. und C. G. WEBSTER (1960): Raccoon predation on waterfowl. Trans. North Am. Wildl. Nat. Res. Conf. 25: 180—185.

LÖHMER, R. (1973): Vergleichende ethologische und sinnesphysiologische Untersuchungen an Waschbären und Krabbenwaschbären. Diss. Hannover.

— (1975): Vergleichende Untersuchungen über die Manipulier- und Lernfähigkeiten von Waschbären (Procyon lotor) und Krabbenwaschbären (Procyon cancrivorus cancrivorus). Z. Säugetierk. 40 (1): 36—49.

— (1976): Zur Verhaltensontogenese bei Procyon cancrivorus cancrivorus (Procyonidae). Z. Säugetierk. 41 (1): 42—58.

LONG, C. A. (1964): Procyon brachyurus Wiegmann, 1837, and Procyon obscurus Wiegmann, 1837: Proposed suppression under the plenary powers (Mammalia, Carnivora). Z. N. (S.) 1640. Bull. Zool. Nomencl. 21 (4): 318—320.

LONG, C. A. und T. FRANK (1968): Morphometric variation and function in the baculum, with comments on correlation of parts. J. Mamm. 49 (1): 32—43.

LOOS, R. (1972): Raubwild in Gefahr. Die Pirsch 24 (25): 601—605.

LOPINOT, A. C. (1951): Raccoon predation on the great blue heron, Ardea herodias. The Auk 68 (2): 235.

LOTZE, J.-H. (1979): The raccoon (Procyon lotor) on St. Catherines Island, Georgia. 4. Comparisons of home ranges determined by livetrapping and radiotracking. Am. Mus. Nat. Hist. Novitates. No. 2664: 1—25.

LOTZE, J.-H. und A. I. FLEISCHMAN (1978): The raccoon (Procyon lotor) on St. Catherines Island, Georgia. 1. Biochemical parameters of urine and blood serum. Am. Mus. Nat. Hist. Novitates. No. 2644: 1—5.

LOWERY, G. H. JR. (1943): Check-list of the mammals of Louisiana and adjacent waters. Louisiana State Univ. Mus. Zool. Occas. Papers, 13: 213—257.

LYALL-WATSON, M. (1961): The food „washing" behaviour of captive raccoons. Intern. Zoo Yearb. 3: 31—35.

— (1963): A critical re-examination of food „washing" behaviour in the raccoon (Procyon lotor, Linn.). Proc. Zool. Soc. London 141 (2): 371—393.

LYNCH, G. M. (1967): Long-range movement of a raccoon in Manitoba. J. Mamm. 48 (4): 659—660.

— (1971): Raccoons increasing in Manitoba. J. Mamm. 52 (3): 621—622.

LUTZ, W. (1980): Teilergebnisse der Nahrungsanalysen am Waschbären (Procyon Lotor L.) in Nordhessen. Z. Jagdwiss. 26 (2): 61—66.

MARSHALL, W. H. (1956): Summer weights of raccoons in northern Minnesota. J. Mamm. 37 (3): 445.

MATHES, H. (1969): Waschbär in Württemberg. WuH 72 (2): 76.

MATOUSEK, B. und J. VARGA (1971): Das Vorkommen des gemeinen Waschbären (Procyon lotor) in der Slowakei. Ochrana Fauny (Bratislava) 5 (1): 26—28.

MAYER, W. V. und R. G. VAN GELDER (Hrsg.) (1963): Physiological mammalogy. Vol. II, Mammalian reactions to stressful environments. Academic Press, New York and London.

McKEAN, W. T. (1948): Foods of North Dakota predator animals. North Dakota Agric. Expt. Sta. Biomo. Bull. 10: 105—112.

McKEEVER, S. (1958): Reproduction in the raccoon in the southeastern United States, J. Wildl. Mgmt. 22 (2): 211.

McKINLEY, D. (1959): Historical note on the Bahama raccoon. J. Mamm. 40 (2): 248—249.

McLEAN, R. G. (1970): Wildlife rabies in the United States: recent history and current concepts. J. Wildl. Dis. 6: 229—235.
— (1971): From the Center for Disease Control. Rabies in raccoons in the southeastern United States. J. Infect. Dis. 123 (6): 680—681.
McNEIL, C. W. und J. T. KROGSDALE (1953): Parasites of raccoons in southwest Washington. J. Mamm. 34 (1): 123—124.
MECH, L. D., D. M. BARNES und J. R. TESTER (1968): Seasonal weight changes, mortality, and population structure of raccoons in Minnesota. J. Mamm. 49 (1): 63—73.
MECH, L. D., V. B. KUECHLE, D. W. WARNER und J. R. TESTER (1965): A collar for attaching radio transmitters to rabbits, hares, and raccoons. J. Wildl. Mgmt. 29 (4): 898—902.
MECH, L. D., J. R. TESTER und D. W. WARNER (1966): Fall daytime resting habits of raccoons as determined by telemetry. J. Mamm. 47 (3): 450—466.
MECH, L. D. und F. J. TURKOWSKI (1966): Twenty-three raccoons in one winter den. J. Mamm. 47 (3): 529—530.
METZGER, B. (1955): Notes on mammals of Perry County, Ohio. J. Mamm. 36 (1): 101—105.
MILLER, G. S. JR. and R. KELLOGG (1955): List of North American recent mammals. U. S. Nat. Mus. Bull., Washington D. C. 205: 1—954.
MONTGOMERY, G. G. (1964): Tooth eruption in preweaned raccoons. J. Wildl. Mgmt. 28 (3): 582—584.
— (1968): Pelage development of young raccoons. J. Mamm. 49 (1): 142—145.
— (1969 a): Weaning of captive raccoons. J. Wildl. Mgmt. 33 (1): 154—159.
— (1969 b): Tooth emergence and raccoon weaning. Am. Midl. Naturalist 82 (1): 285—287.
MONTGOMERY, G. G., J. W. LANG und M. E. SUNQUIST (1970): A raccoon moves her young. J. Mamm. 51 (1): 202—203.
MOORE, J. C. (1953): Raccoon parade. Everglades Nat. Hist. 1: 119—126.

MORRIS, D. (1965): The mammals. A guide to the living species. Tinling, Liverpool, London and Prescot.

MÜLLER-USING, D. (1959): Die Ausbreitung des Waschbären (Procyon lotor L.) in Westdeutschland. Jagdwiss. 5: 108—109.

— (1962): Weitere Verbreitung des Waschbären. WuH 65 (1): 6.

— (1970): Diezels Niederjagd. 12. Aufl., neu bearbeitet von LETTOW-VORBECK. Hamburg und Berlin.

MURIE, O. J. (1954): A field guide to animal tracks. Houghton Mifflin Comp. Boston, Cambridge, Massachusetts.

Natuurhistorisch Maandblad (1969): Verslagen van de Maandvergaderingen te Maastricht op 4 september 1969. 58 (9): 144.

NEILL, W. T. (1953): Two erythristic raccoons from Florida. J. Mamm. 34 (4): 500.

NELSON, E. W. (1918): Wild animals of North America. Nat. Geog. Soc., Washington D. C.

— (1930): Four new raccoons from the keys of southern Florida. Smithsonian Misc. Coll. 82 (8): 1—12.

NELSON, E. W. und E. A. GOLDMAN (1930 a): Six new raccoons of the Procyon lotor group. J. Mamm. 11 (4): 453—459.

— (1930 b): A new raccoon from lower California. J. Washington Acad. Sci. 20 (5): 82—83.

— (1931 a): Three new raccoons from Mexico and Salvador. Proc. Biol. Soc. Washington 44: 17—22.

— (1931 b): A new raccoon from South Carolina. J. Mamm. 12 (3): 308—309.

NELSON, R. L. und R. L. LINDER (1972): Percentage of raccoons and skunks reached by egg baits. J. Wildl. Mgmt. 36 (4): 1327—1329.

NESENI, R. (1938): Beitrag zur Ernährung und Verdauung des Waschbären. Z. Säugetierk. 13 (1): 77—113.

— (1952): Winterruhe oder Winterschlaf des Waschbären. Ein Beitrag zum Stoffwechsel des Waschbären zur Winterzeit. Z. Säugetierk. 18 (2): 81—109.

NIETHAMMER, G. (1963): Die Einbürgerung von Säugetieren und Vögeln in Europa. Hamburg und Berlin.

NOVIKOV, G. A. (1962): Carnivorous mammals of the Fauna of the USSR. Israel Program for Scientific Translation. Jerusalem.

NOWAK, D. (1979): Die Tollwutsituation in Berlin (West) von 1953 bis 1977. Diss. Berlin.

OELRICH, T. M. (1953): Additional mammals from the Rexroad Fauna. J. Mamm. 34 (3): 373—378.

PENNEY, J. T. (1950): Distribution and bibliography of the mammals of South Carolina. J. Mamm. 31 (1): 81—89.

PESCH, F. W. (1968): Zu: „Waschbären im Fuchsbau". WuH Nr. 4 vom 19. Mai 1968, S. 93. WuH 71 (10): 366.

PETRIDES, G. A. (1959): Age ratios in raccoons. J. Mamm. 40 (2): 249.

Die Pirsch (1959): Waschbär in Württemberg erlegt. Die Pirsch 11 (26): 924.

Die Pirsch — Der Deutsche Jäger (1971): Es war kein Marderhund. 23 (7): 297.

— (1974): Drei, die immer verwechselt werden. 26 (8): 362.

— (1974): Waschbär dringt auch in Thüringen vor. 26 (16): 762.

— (1975): Ergebnisse des Jagdjahres 1973/74. 27 (1): 2—5.

— (1975): Waschbär auch in Holland. 27 (11): 602.

— (1976): Uhu gegen Waschbär. 28 (14): 792—793.

POCOCK, R. I. (1921): The external characters and classification of the Procyonidae. Proc. Zool. Soc. London 1: 389—422.

POGLAYEN-NEUWALL, I. (1972): Kleinbären und Pandas. In: Grzimeks Tierleben Bd. XII, Säugetiere 3: 90—117.

POPE, C. H. (1944): Attainment of sexual maturity in raccoons. J. Mamm. 25 (1): 91.

PRIEWERT, F. W. (1961): Record of an extensive movement by a raccoon. J. Mamm. 42 (1): 113.

PROGULSKE, D. R. (1955): Game animals utilized as food by the bobcat in the southern Appalachians. J. Wildl. Mgmt. 19 (2): 249—253.

RAKOW, F. (1975): Den Waschbär in die Falle locken. WuH 78 (17): 680.

REBERT, H. (1970): Waschbären im Revier. Unsere Jagd 20: 87.

REDFORD, P. (1962): Raccoon in the U.S.S.R. J. Mamm. 43 (4): 541—542.

— (1965): Raccoons and eagles: Two views of American wildlife. Dutton, New York.

REGENTIN, P. (1970): Waschbär in Schleswig-Holstein. WuH 73 (19): 446.

REMANE, A., V. STORCH und U. WELSCH (1976): Systematische Zoologie. Stuttgart.

RENSCH, B. und G. DÜCKER (1963): Haptisches Lern- und Unterscheidungsvermögen bei einem Waschbären. Z. Tierpsychol. 20 (5): 608—615.

RIECK, W. (1967): Der Waschbär in Deutschland. Die Pirsch 19 (11): 477—478.

RINKER, G. C. (1944): Os clitoridis from the raccoon. J. Mamm. 25 (1): 91—92.

ROBINSON, W. B. (1961): Population changes of carnivores in some coyote-control areas. J. Mamm. 42 (4): 510—515.

ROBINSON, V. B., J. W. NEWBERNE und D. M. BROOKS (1957): Distemper in the American raccoon (Procyon lotor). J. Am. Vet. Med. Assoc. 131 (6): 276—278.

RÖBEN, P. (1975): Zur Ausbreitung des Waschbären, Procyon lotor (Linné, 1758) und des Marderhundes, Nyctereutes procyonoides (Gray, 1834), in der Bundesrepublik Deutschland. Säugetierk. Mitt. 23 (2): 93—101.

RÖHRS, H. D. (1932): Der Winterschlaf des Waschbären. Dt. Pelztierz. 7: 529—533.

ROMER, A. S. (1966): Vertebrate Paleontology. Univ. Chicago Press, Chicago und London.

ROTH, H. H. (1970): Über die Jugendentwicklung von Waschbären, Procyon lotor (Linné, 1766). Säugetierk. Mitt. 18 (1): 7—8.

RUBOVSKY, N. N. (1957): Data on the feeding habits of the raccoon (Procyon lotor L.). Zool. Zhurnal (UdSSR) 36: 287—288.

RUE, L. L. (1965): The world of the raccoon. Lippincott, New York.

SANDERSON, G. C. (1950): Methods of measuring productivity in raccoons. J. Wildl. Mgmt. 14 (4): 389—402.

— (1951 a): Breeding habits and a history of the Missouri raccoon population from 1941 to 1948. Trans. North Am. Wildl. Nat. Res. Conf. 16: 445—461.

— (1951 b): The status of the raccoon in Iowa for the past twenty years as revealed by fur reports. Proc. Iowa Acad. Sci. 58: 527—531.

— (1952): Raccoon studies in Iowa. Iowa Conservationist 11 (3): 17—23.

— (1961 a): Techniques for determining age of raccoons. Illinois Nat. Hist. Surv., Biol. Notes 45: 1—16.

— (1961 b): The lens as an indicator of age in the raccoon. Am. Midl. Naturalist 65 (2): 481—485.

— (1966): The study of mammal movements — a review. J. Wildl. Mgmt. 30 (1): 215—235.

SANDERSON, G. C. und A. V. NALBANDOV (1973): The reproductive cycle of the raccoon in Illinois. Illinois Nat. Hist. Sur. Bull. 31 (2): 29—85.

SCHEFFER, V. B. (1947): Raccoons transplanted in Alaska. J. Wildl. Mgmt. 11 (4): 350—351.

— (1950): Notes on the raccoon in southwest Washington. J. Mamm. 31 (4): 444—448.

SCHNEIDER, D. G., L. D. MECH und J. R. TESTER (1966): An eight month radio-tracking study of raccoon families. Bull. Ecol. Soc. Am. 47 (3): 149—150.

— (1971): Movements of the female raccoons and their young as determined by radio-tracking. Anim. Behavior Monographs. 4 (1): 1—43.

SCHNELL, J. H. (1969/1970): Rest site selection by radio-tagged raccoons. J. Minnesota Acad. Sci. 36 (2/3): 83—88.

SCHNITZLER, T. (1968): Waschbären im Fuchsbau. WuH 71 (4): 93.

SCHOFER, J. (1978): Vergleichende Untersuchungen an Schädeln von Waschbär und Krabbenwaschbär. Diss. Hannover.

SCHOONOVER, L. J. und W. H. MARSHALL (1951): Food habits of the raccoon (Procyon lotor hirtus) in northcentral Minnesota. J. Mamm. 32 (4): 422—428.

SCHULTZ, V. (1956): Status of the raccoon in Tennessee. J. Tennessee Acad. Sci. 31 (4): 263—267.

SCHUMACHER, F. X. und R. W. ESCHMEYER (1943): The estimate of fish population in lakes and ponds. J. Tennessee Acad. Sci. 18: 228—249, 258.

SCOTT, W. B. (1962): History of land mammals of the western hemisphere. New York.

SETON, E. T. (1909): Life-histories of northern animals. An account of the mammals of Manitoba. Bd. 2, New York City.

SHARP, W. M. und L. H. SHARP (1956): Nocturnal movements and behavior of wild raccoons at a winter feeding station. J. Mamm. 37 (2): 170—177.

SHERMAN, H. B. (1954): Raccoons of the Bahama Islands. J. Mamm. 35 (1): 126.

SHIRER, H. W. und H. S. FITCH (1970): Comparison from radiotracking of movements and denning habits of the raccoon, striped skunk, and opossum in northeastern Kansas. J. Mamm. 51 (3): 491—503.

SIMKIN, D. W. (1966): Extralimital occurrences of raccoons in Ontario. Canadian Field-Naturalist 80 (3): 144—146.

SIMPSON, G. G. (1945): The principles of classification and a classification of mammals. Bull. Am. Mus. Nat. Hist. 85: 1—350.

SINIFF, D. B. und C. R. JESSEN (1969): A simulation model of animal movement patterns. Adv. Ecol. Res. 6: 185—219.

SLAGLE, A. K. (1965): Designing systems for the field. BioScience 15 (2): 109—112.

SMITH, G. S. (1964): The masked bandits. Frontiers 28 (5): 146—148.

SONENSHINE, D. E. und E. L. WINSLOW (1972): Contrasts in distribution of raccoons in two Virginia localities. J. Wildl. Mgmt. 36 (3): 838—847.

SOWLS, L. K. (1949): Notes on the raccoon (Procyon lotor hirtus) in Manitoba. J. Mamm. 30 (3): 313—314.

STEINBACHER, G. (1976): Zum Vorkommen des Marderhundes, Nyctereutes procyonoides (Gray, 1834), in der Bundesrepublik Deutschland. Säugetierk. Mitt. 24 (1): 80.

STOLLMANN, A. (1965): Vorkommen von Myocastor coypus (Molina, 1782), Alopex lagopus (Linné, 1758) und Procyon lotor (Linné, 1758) in der freien Natur. Biologia (Bratislava) 20 (6): 453—455.

STUBBE, M. (1975): Der Waschbär Procyon lotor (L., 1758) in der DDR. Hercynia N. F., Leipzig 12 (1): 80—91.

STUEWER, F. W. (1942): Studies of molting and priming of fur of the eastern raccoons. J. Mamm. 23 (4): 399—404.

— (1943 a): Raccoons: Their habits and management in Michigan. Ecol. Monographs 13 (2): 203—257.

— (1943 b): Reproduction of raccoons in Michigan. J. Wildl. Mgmt. 7 (1): 60—73.

— (1948): Artificial dens for raccoons. J. Wildl. Mgmt. 12 (3): 296—301.

SUNQUIST, M. E. (1967): Effects of fire on raccoon behavior. J. Mamm. 48 (4): 673—674.

SUNQUIST, M. E., G. G. MONTGOMERY und G. L. STORM (1969): Movements of a blind raccoon. J. Mamm. 50 (1): 145—147.

SUTTON, R. W. (1964): Range extension of raccoon in Manitoba. J. Mamm. 45 (2): 311—312.

TASSIUS, W. (1968): Waschbären am Edersee. WuH 71 (16): 386—387.

TAYLOR, W. P. und W. B. Davis (1947): The mammals of Texas. Game, Fish and Oyster Commission Bull. 27: 1—79.

TESTER, J. R. (1953): Fall food habits of the raccoon in the south platte valley of northeastern Colorado. J. Mamm. 34 (4): 500—502.

TEVIS, L. JR. (1947): Summer activities of California raccoons. J. Mamm. 28 (4): 323—332.

THENIUS, E. (1972): Grundzüge der Verbreitungsgeschichte der Säugetiere. Stuttgart.

THEWES, G. (1970): Nicht Dachs, sondern Waschbär. WuH 73 (15): 346.

THORGERSEN, H. L. (1958): Studies of tactual discrimination by raccoons. Diss. Abstr. 18 (6): 2203—2204.

TRACKRAY, R. I. und K. M. MICHELS (1958): Externally-aroused drives in the raccoon. Anim. Behaviour 4 (3/4): 160—163.

TRATZ (1974): Waschbären dringen weiter vor. Die Pirsch — Der Deutsche Jäger 26 (5): 204.

TRAUTMAN, C. G., L. F. FREDRICKSON und A. V. CARTER (1974): Relationship of red foxes and other predators to populations of ring-necked pheasants and other prey, South Dakota. Trans. North Am. Wildl. Nat. Res. Conf. 39: 241—255.

TSCHENTSCHER, R. (1979): Der unbekannte Waschbär. WuH 82 (13): 678.

TURKOWSKI, F. J. und L. D. MECH (1968): Radio-tracking the movements of a young male raccoon. J. Minnesota Acad. Sci. 35 (1): 33—38.

TWICHELL, A. R. und H. H. DILL (1949): One hundred raccoons from one hundred and two acres. J. Mamm. 30 (2): 130—133.

TYSON, E. L. (1950): Summer food habits of the raccoon in southwest Washington. J. Mamm. 31 (4): 448—449.

ULMER, F. A. JR. (1950): The raccoon. Zoo Life, London 5 (3): 66—71.

URBAN, D. (1970): Raccoon populations, movement patterns, and predation on a managed waterfowl marsh. J. Wildl. Mgmt. 34 (2): 372—382.

U. S. Department of the Interior (1959): Raccoons and their control. Wildlife Leaflet 401, Washington, D. C.

VANDRUFF, L. W. (1972): The ecology of the raccoon and opossum with emphasis on their role as waterfowl nest predators. Ph. D. Cornell Univ. 1971. Diss. Abstr. Intern. B 32 (9): 4958-B.

VAUGHAN, T. A. (1972): Mammalogy. W. B. Saunders Comp. Philadelphia, London, Toronto.

VEIGEL, A. (1980): Möglichkeiten der Waschbärenbejagung, WuH 83 (15): 782—784.

VERESHCHAGIN, N. K. (1967): The mammals of the Caucasus. A history of the evolution of the fauna. Translated from Russian. Israel Program for Scientific Translations Ltd., Jerusalem.

WACHENDÖRFER, G. (1979 a): Zur Epidemiologie und Bekämpfung der Tollwut in Mitteleuropa. Z. Säugetierk. 44 (1): 36—46.

— (1979 b): Briefliche Mitteilung vom 2. August 1979.

WALKER, E. P. (1968): Mammals of the World. Johns Hopkins Press, Bd. II, Baltimore.

WALKNOWSKA, J. (1961): Les chromosomes chez les carnivores. I. Le raton laveur (Procyon lotor L.). Folia Biologica (Krakau, Polen) 9 (4): 303—307.

WELKER, W. J. und S. SEIDENSTEIN (1959): Somatic sensory representation in the cerebral cortex of the raccoon (Procyon lotor). J. Comp. Neurol. 111 (3): 469—501.

WERNER, W. E. JR. (1956): Mammals of the Thousand Islands Region, New York. J. Mamm. 37 (3): 395—406.

WHITNEY, L. F. (1931): The raccoon and its hunting. J. Mamm. 12 (1): 29—38.

— (1933): The raccoon — some mental attributes. J. Mamm. 14 (2): 108—114.

WHITNEY, L. F. und A. B. UNDERWOOD (1952 a): The raccoon. Pract. Sci. Publ. Comp., Orange, Connecticut.

— 1952 b): The coon hunter's handbook. Holt, Rinehart and Winston. New York, Chicago, San Francisco.

WIJNGAARDEN, A. VAN (1961): Een wasbeer, Procyon lotor (L.), in Nederland in het wild gevangen. Natuurh. Maandbl. 50 (5/6): 54—55.

WILLIAMS, C. E. und A. L. CASKEY (1965): Soil fertility and cottontail fecundity in southeastern Missouri. Am. Midl. Naturalist 74 (1): 211—224.

WILSON, K. A. (1953): Raccoon predation on muskrats near Currituck, North Carolina. J. Wildl. Mgmt. 17 (2): 113—119.

WILSON, E. O. (1975): Sociobiology, the new syntheses. Harvard Univ. Press, Cambridge, Massachusetts and London, England.

WOOD, J. E. (1954): Food habits of furbearers of the Upland Post Oak Region in Texas. J. Mamm. 35 (3): 406—415.

— (1955): Notes on reproduction and rate of increase of raccoons in the Post Oak Region of Texas. J. Wildl. Mgmt. 19 (3): 409—410.

WINCHESTER, A. M. und H. B. LOVELL (1961): Zoology. D. van Nostrand Comp., Princeton, New Jersey, Toronto, New York, London.

WRIGHT, T. und E. LUNDELIUS, JR. (1967): Post-pleistocene raccoons from central Texas and their zoogeographic significance. Biol. Abstr. 49: 102907.

WuH (1963): Aus Lettland und Litauen. 65 (25): 884.

— (1967): Waschbären im Vogelsberg. 70 (16): 620.

— (1973): Waschbären im Saarland. 76 (14): 562.

— (1974): Kurze Nachrichten. 77 (1): 12.

— (1974): Waschbär und Wolf. 77 (6): 216.

— (1974): Waschbär wandert nach Osten. 77 (9): 327.

— (1974): Der Waschbär. 77 (12): 440.

— (1976): Waschbär in Südbaden. 79 (8): 359.

— (1977): Waschbären in der Schweiz unerwünscht. 79 (24): 1115.

— (1977): Waschbär in Baden-Württemberg. 80 (2): 62.

— (1978): Waschbärjagd in der Schweiz. 80 (22): 1065.

— (1978): Dänemark: Waschbär wandert ein. 81 (13): 594.

— (1978): Zur Waschbär-Ausbreitung. 81 (18): 874.

YEAGER, L. E. und W. H. ELDER (1945): Pre- and post-hunting season foods of raccoons on an Illinois goose refuge. J. Wildl. Mgmt. 9 (1): 48—56.

YEAGER, L. E. und R. G. RENNELS (1943): Fur yield and autumn foods of the raccoon in Illinois river bottom lands. J. Wildl. Mgmt. 7 (1): 45—60.